바람의 시

빗방울화석 시집 열 번째

바람의 시

ⓒ빗방울화석, 2025

초판 1쇄 2025년 9월 29일 발행

지은이 빗방울화석(이성일 외)
펴낸이 조재형

펴낸곳 도서출판 빗방울화석 　　**등록** 　제300-2006-188호(2004. 12. 13)
주소 　경기도 파주시 교하읍 문발리 파주출판도시 535-7
전화 　010-3757-5927 　　　　**이메일** kailas64@daum.net

ISBN 979-11-89522-06-3 　03810

바람의 시

빗방울화석 시집 열 번째

빗방울
화석

시 잎에

    우리는 그동안 민족의 근간인 백두대간과 정맥을 답사한 체험 시집을 출간했다. 이번 10집은 그 연장선상에서 시와 분단과 민주주의를 생각해 본 시집이다.

2025년 9월

빗방울화석 시인들

목차

2 길 안의 집

1

아무
일도
일어나지
않았다는
듯

민북 마을* 아이들 외 10편

신대철

우연히 만난
마을 이장 이름을 대고
검문소를 통과했던 민통선 길
노인은 문 앞에 나와
북쪽 고향에 붙어 있었다.
아이들은 마을을 벗어나려는 듯
트램펄린을 타고 날아올랐다.

그날의 기억 속으로 다시 온 생창리
길은 비어 있고 길목엔 발자국 구름

기억 속의 그 아이들 떠올리며
마을 지나 용양보 습지**로 들어간다.
보안병과 안내 해설사 따라
북진문에서 격전지, 추가령
먼 서수라까지 갔다 오면
지뢰 표지판 사이
햇빛 쏠리는 곳에 무자치

분홍 장구채, 묵납자루, 왕버들 숲

생과 꿈과 혼령이 뒤바뀌는 인마길
수탈 곡물 실어 나른 금강산선
공격이 평화이고 방어가 평화인 곳에서
물잠자리와 함께 남방한계선
수문을 빠져나오는 화강***

물소릴 들으며
왕버들이 군락을 이루는 동안
생창리 그 아이들
날아오른 어디서 숨 고르고 있을까?
맨몸으로 땅 기운 이겨내고 있을까?

숨 막히는 습지 끝에서
앞지르는 강
한탄, 협곡 울리는 물소리.

바람의 시

'임진강 물굽이가 한눈에 들어오는
이 일대가 DMZ입니다'

태풍전망대에 들어서자
한 병사가 지휘봉으로
상황판 한가운데 점선을 가리킨다
산과 마을과 논밭이 있던 자리에
전선과 고지 이름만 남아 있다.

반세기가 흘렀어도
휴전선을 사이에 두고
아직도 방향 잃고 흔들리는 깃발들

그날 새벽 4시에 비상
두 발에 모래주머니 차고
완전군장으로 걷고 또 걸어
한밤에 기지에 도착
초병이 자물쇠 풀고 철문을 열어주었을 때

아무도 선뜻 나서지 못했다.
한번 들어가면
무엇이 되어 돌아올지
아무도 모르는 안개 모퉁이길

흙덩이 구르다 멎으면
칠흑과 번개와 심장이 뒤엉키고
동족을 향해 밤낮
노리쇠 후퇴, 장전, 고정
오발에 지뢰에 죽고
불안으로 공포로 살아
쭈그러진 반합에 하루를 채우던 또 하루

집 나간 아내 소식을 기다리며
속 태우는 전우를 위해
푸르디푸른 하늘을 믿고
답장 없는 편지 대필하며 수없이 쓴
부모님 전상서, 본제입납

지뢰도 이념도 경계심도 잊은 채
한낮에는 콘크리트 총안에 붙박여
벌거벗은 아이들과
강 넘나드는 꿈 이어 꾼
그 길 망연히 바라보는 동안
머리끝을 울리는 소리

'앞에도적?뒤에도적?'
'탄핵하라내란수괴탄핵하라'

강물은 숨죽여 흐르고
벼랑 울리며 바다로 흐르던 바람이
한 자락씩 벽 차고 오른다
깃발 후려치고
그 자리에 드높이 떠 있다

먼 까마귀 떼 따라 더 멀리

먹구름은 황강댐 위에서 흩어지고
다시 한번 일렁이는 바람을 향해
펄럭이는 태극기, 옆에 유엔기

민통선

고랑포, 한가한 민통선 길
노인이 트렉터를 몰고 농가를 지난다.
아침 햇빛이 소리 지르며 길을 건넌다.
군용차 잠깐 멈췄다 가는 검문소에
주민등록증 맡기고 안내인 따라
김신조 침투로 현장에 갔다.
안내인은 무장 공작원 모형물이 세워진 곳에서
접근할 수 없는 숲속을 가리킨다.
지뢰지대 어디
꿈속까지 전쟁 속에 몰아 넣은 방책 침투로?
침투로 안내판 읽다가 몸 무거워질 때
무엇이 스쳐간다.
마른 도랑 위에 새 서너 마리
가는 가지 끝에 내려앉는다.
오래 기다린 여름 손님
흰눈썹황금새,
새들은 숨 멎게 하고
침투로 따라가다 가벼이

농가 쪽으로 날아간다.
새들 사라진 뒤 떠오르는
북한식 훈련, 훈련, 침투, 즉사
악몽의 시간들 돌아오고 지나가고 머무르고

전망대에서 전망대로

초병들 교대하고 잠든
험하고 험한 산악의 시간
그 꿈속인 듯 불안하게 흔들리며
케이블카로 백암산에 오른다.

"먼저 보고 먼저 쏴라.
상황 끝난 뒤 보고하라."
아직도 생생히 울리는 구호 아래
탁 트인 북한강, 임남댐*과 평화의댐
숨통 옥죄던 무명산은
첩첩산중에 접혀 있다.

'그 자리, 서!'
'부비트랩!' 소리칠 때까지
멈추지 않고 초소 앞으로 걸어오던 공작원
그냥 되돌아온 공작원은 어디로 갔을까?
바위 밑의 소형 보트와 잠수복은?
살려고 꿈꾸기만 하면

누구든 누구의 적이 되는 땅에서
숨구멍 같은 푸른 물줄기 보며
숨 깊이 들이쉬고 내쉬고 옛 눈을 감는다.
철책선 끝없이 스쳐간다.

화천읍 지나 굽이굽이 용담 계곡
온몸으로 수류탄 덮고 산화한 전우도
이기자 부대도 흔적 없고
덕고개 넘어 사창리
비어 있는 가게, 잠겨 있는 눈빛
전방을 돌던 점쟁이들은 서울로 갔을까?

전망대에서 전망대로 계속 이동,
비룡전망대에 이르자
북쪽 스피커에서 귀신 소리 울려온다.
귓속을 파고들어 찌르는 소리
옆 사람 말도 갈기갈기 찢어진다.
안내인은 현장마다 초점 잡아

온전한 북쪽 지형지물 보여주고
파괴된 남쪽 벙커 상황도 알려준다.
위기 의식 높아지면서
우리는 비룡전망대에서
비로소 최전방 전망대에 올랐다.

개활지 잡초 속 그 어디든
귀신 소리 그치면
떠나지 못한 영령들 평안하시길

*   금강산댐이라고도 한다.

눈 발자국
―조재형이 보내준 눈 사진을 보며

막다른 길
눈발 쏠리는 숲속으로
거침없이 올라간 발자국

하늘 끝엔 불그레한
빛 기운 한 자락
금시 어두워질 시간에
혼자서 올라간 발자국

눈나무 사이로 들어선 것일까?
한남동에서 뜨거워진 얼굴
여백에 깊숙이 묻고
눈 틔우는 물소리에 귀 기울이고 있을까?

보내지 않은 마지막 사진에는
물소릴 내며 흐르는
눈 발자국

답사 일지
―상봉 2

숨 들이쉬고
먼 한 발,
그 위에 남은 발
간신히 끌어올려
앞 트인 외바위 쪽에 모은다.

앞서간 일행이 높은 바위로 훌쩍 올라선다. 막 수면을
차고 오른 것 같은 몸에서 햇빛이 꺾인다. 언제나 발이 닿
지 않는 곳에서 올라와 숨 고르고, 숨 고르듯 웃고 말하고
시 쓰는 이성일, 오늘은 바위 위에서 고요히 일행과 수평
을 잡는다.

우리가 일행을 보고 오르듯
병사들은 야밤에 전우만 보고 올랐을까?
오르면서 계속 무슨 생각을 비웠을까?
영에서 멀어질수록 불안했을까?
이런 건 살아 돌아온 이들의 회고담

구상나무, 눈측백나무
너덜 지대 옆엔 유해 발굴 터
생흙을 들여다보는 조재형
묵묵히 탄피 거두는 이승규,
이내 낀 향로봉 보며
망연히 서 있는 장윤서, 서성이는 김일영

무심히 돌탑을 도는 우리들
무슨 생각이 서로 닿긴 것일까?
언제나 갈 길만 기억하며
땀 흘려 오르내린 시간이 가슴에 들어온 것일까?

이 땅의 혼으로 기세로
대간을 시 한 줄기로 달려갈 혹독한 시간들

갈 길 남겨두고 내려가는 하산길은
내려갈수록 급경사, 온몸이 무너진다.

산바위
—김홍탁, 손필영에게

태백산 가는 길
차돌배기봉과 깃대배기봉 사이에서
몸 쏟아지도록 내려간 구마동 계곡

화전터만 남은 도화동 삼거리에서
우연히 만난 스님은
불사* 중이라 하는데
우리는 잠시라도 속을 비울 뿐
그 빈 속이 장바위**로 가득 차면
상류엔 잡풀 덮인 묘지 하나
적송빛 물소리만 들린다

장기판 지워진 장바위에 앉아
무심히 발을 내려놓는다
얼어붙은 천지에서 사정없이
눈발에 매 맞은 발
길 없는 발 앞에
족적 없는 한 발

향로봉 갈림길에서 빙빙 돈 헛발까지 끌어올려 머리 위
로 솟쳐 오르는 햇발, 눈을 찌른다.

*   도화사.
**   일명 장기바위.

대간령으로

작은 새이령에서
꿈 으깨면 그곳이 마장터 초입

화전민 쫓겨난 자리에
빽빽이 붙어사는 낙엽송들
덧없이 끼어드는 산들바람

산목련 사이엔 집 두어 채
안길에 기척 없고
허리 높이 긴 막대가 걸쳐 있다
그 앞에 가만히 붙어 있는
나도 여기 사는 숲사람?
신선봉에서 막 내려온 젊은이들이
흘리 가는 길을 묻는다

흘리, 홀려 가는 길
내겐 그리 가는 길이 눈보라만 남았는데
산꾼들이 큰 소리로

물길 따라 가라고 한다
흘리, 지상에 겉도는 발길을
눈발이 조금씩 눈보라 속으로 밀어놓던 곳
(그때 앞서간 이들은
상상 속의 아이들도 꿈꿀 수 있다고 했었지)

물소리 오르내릴 길 끊기고
대간령*,
발 디디는 데마다 다가오는
마산봉, 향로봉, 온정령, 백두고원

흘리 거쳐온 상상 속의 아이들이
대간의 피로 흰 산을 꿈꿀 때
잠시 숨 돌리고 안부에 앉는다
몸부림치며 흩날린 길 되돌아온다

*   백두대간 신선봉과 마산봉 사이에 있는 고개. 새이령이라고도 한다.

야간 산행
—별 궤적 2

만항재에서 낯선 일행에 섞여
차단기 옆으로 함백산을 오른다.
갈 길이 달라 조금씩 걸음을 늦춘다.

어둠 속에 혼자
산길 꺾어드는 순간
'이 길 맞나요?', 각인된 음성이 들린다.
정상 가는 길을 묻고 있는데
맞아요, 하면서 그때 무슨 생각을?
정신없이 숨어서 7부로 돌아간 길을,
아니면 가고 싶은 길이 더 북쪽이었나?

대간 타는 동안
히말라야 트레킹도 권유하던 장윤서,
일 끝내고 분주히 타멜 뒷골목을 빠져나와
설산 어느 로지에서 잠들고 싶어 할까?

물돌이동 돌아 소백산을 가든

북중 경계비 넘나들며 장군봉을 보든
눈길에서 발길까지 한 빛으로
우리 사이를 잇고 이어가는 대간길은 무슨 궤적?

안개 산에 함백산 자리 잡는 사이
먼 데만 바라봐도
온몸에 굽이쳐 들어오는 대간길, 숨 막힌다.

천상데미

천상데미에 올라
잠시 숨 돌리는 자리

이정표 표지판에 앉아
나그네 새 울다 가고
그 울음 활짝 피우며 머물러 있는 나리꽃

데미샘 0.67km, 오계치 1.56km, 팔공산 4.47km

삿갓봉 찾아
큰 지도 펼쳐놓고
정맥 짚는 성일이, 성훈이, 윤서
땅과 꿈 사이를 드나드는 하나
무슨 생각에 미소 짓는 수현이
고요히 성경을 읽는 필영이

가파른 길 앞에 두고
살아온 숨결 고르는 동인들 앞으로

흩어진 발길 한자리로 모으는
황홀한 천상데미

데미샘 물방울들
섬진강으로 광양만으로 흐르듯
우리도 멈추지 않으면
정맥 줄기 따라 먼 바다에 이르리

오서산 2

또래 아이가
송아지 풀 뜯기는 광천 천변에서
나는 기약 없이 작은 아버지를 기다렸다.

누가
오서산 가는 길 물으면
멀리까지 알려주는 작은아버지,
어느 오르막에서 무슨 차가 또 말썽인지
그믐달만 산 위로 기어올라 왔다.

버스 끊어지고 으스스한 밤,
라이트 비칠 때마다 걸음을 멈췄다.
심장 소리로 간신히 걸었다.

내일이나 진리 같은 건
모사꾼들이 만들어낸 것
우리 같은 것
오늘, 오늘만 하고 살다 가는 게 인생.

차 소리만 울려도 절망적인
작은아버지 말씀을 되돌려 보았다.

빈손으로 청양 할머니 집으로 돌아오는 사이
작은아버지는 예산 공주에 새우젓 통 돌리고
마루에 쌀 몇 말 밀어두고 천변으로 가셨다.

인공 때 작은아버지를 숨겨 준 오서산,
어둠 속에 오서산이 바싹 다가왔다.

갯바닥 지나 외 2편

김일영

전란을 피해 저기 갯벌 건너 이곳 마을로
잠시 피난 왔던 사람들
돌아가리라던 기억은
바람이 다 빠져나간 빈 손바닥만 드러내 보이지만
갯바닥 저쪽 기억만은
심장 깊은 곳에서 쿵쿵거리며 산다

해바라기의 성장을 짓누르는
여름 가뭄이 한창인 때
꾸역꾸역 모여드는 방문객을 보며
교동도 사람들은
오가며 마주친 눈빛으로 길섶에
가우라꽃을 피워 올리거나
갯바닥 너머 예성강 이야기로 숙연해지기도 한다
갯바닥 한가운데 돌섬에 둘러앉은 새들의 수다에
철책 옆 팔각정의 거미집이 흔들리는데
그리움은 어느 깊은 곳을 흐르기에
사람들은 시간을 붙들고 있는 걸까

얼마 전 간조 때 저 갯바닥으로
저쪽 마을 한 사람이 이쪽 마을 향하여 왔다 문득
오래전 나는 좋은 세상으로 간다는 쪽지를 남기고
군사분계선을 넘어 저쪽으로 간 전우를 생각한다
펄을 건너 이쪽으로 온 그 사람도
좋은 세상을 그리며 목숨을 걸었을까
그들은 정녕 좋은 세상을 만났을까
되돌아가는 꿈을 꾸지는 않을까

갯벌의 가장자리를 따라 쳐놓은 철책을 넘으면
저곳까지 갯바닥
뜨거운 열기를 내뿜다가 잠시 숨을 고르면
그만큼 갯바닥은 더 쓸쓸히 깊어지고
갯바닥 건너편을 향해 서 있는 망향대는
야위어만 간다

되돌아가지 못한 시간만큼

멍하니 갯바닥을 쳐다볼 때
가슴속 뜨거운 잉걸 하나 걸지 않은 사람 있으랴

갯바닥 건너에서 온 교동 사람들
이쪽과 저쪽의 펄밭 가슴속에
깊고 그윽한 파란 잉걸불 하나 내걸고 산다
갯바닥 건너로 가는 길을 내며 산다
이곳과 저곳을 잇는 길을 내며 산다

봄은 왜 오지도 않고
겨울은 왜 또 가지도 않는가

벼락같이 비상계엄이 선포되었다
장갑차와 헬기를 앞세워 국회를 무력화시키고자 했다
즉시 시민들이 국회로 달려와 맨몸으로 장갑차를 막으
며
계엄군에 대항했다
그사이 국회의원들이 게릴라처럼 계엄군 사이를 뚫고
개원하여 두 시간 만에 계엄해제를 의결했다

시민들은 온몸을 던져 계엄 반대에 죽기를 불사하며
계엄군과 대치했다

산 자가 죽은 자를 잊고 사는 동안
시간은 죽은 자의 길을 지워놓았다
그리하여
오늘날 쿠테타가 가능하게 만들었으리라

대통령직 계속 수행 여부에 대해 탄핵에 붙여졌다
민의는 양극화되었고

서로를 적대시하는 경향이 조성되었다

탄핵 찬성과 탄핵 반대의 구호와 함성이
북악산정에서 소멸되며
광화문 광장엔 한기 서린 침묵이 깔린다

봄은 왜 오지도 않고 겨울은 왜 또 가지도 않는가

함성

광화문 광장에서 만들어진 함성이
눈발을 타고 가슴을 후려치고 지나간다
그 울림에
내 몸은 장승처럼 굳어졌다가
가로등 부릅뜬 눈과 마주하고서야 풀린다

가로수는 흔들리고
고층 빌딩들은 반듯하게 그냥 서 있고
선왕과 장군도 어둠 너머를 내다보고
어제와 다름없는 풍경
다툼 없는 질서 위에 경적 하나 없이 차들은 지나가는데

또 한 번의 함성이 광장을 채우면
광화문 양 옆
시시비비를 헤아리는 해태가 포효한다
국민이 주인이다

제어장치 고장난 기관차처럼 치닫는 권력욕에 대해

하늘에 고함인가
비명 같은 함성에 나의 소리 보탠다
반민주주의 반국민의 치졸한 죄악을 소리쳐 알린다

새벽이 올 때까지
새날이 올 때까지
외쳐보자
외쳐보자

국민이 주인이다

검은새 외 7편

손필영

국회 안으로 완전 군장을 한 군인들이 창문을 부수고 들어가려는 모습이 TV 화면에 보였다.

콧줄을 끼고 침대에 누워만 있던 말을 잊은 엄마가 눈물을 흘린다. 주름골마다 눈물이 스몄다.

거리는 소용돌이가 되었다.

군홧발 소리도, 총성도 없었지만.

펄럭이던 깃발이 갈라져 찢어졌다.

그들은 손을 뻗어 잡지 않았다.

검은새가 울며 날아다녔다.

갇힌 길

흘러 흘러
북한강 물줄기가 남한강 물줄기를 만나는
양수리,
물줄기는
노을 지는 서쪽으로 돌아가
임진강을 만나기도 넘기도 한다.

기차는
세기가 바뀌고 문산과 개성을 오갔다. 얼마 지나지 않아
신의주까지 달릴 것만 같았다.
지금 다시 끊어진 철교

뭉클거리는 구름을 따라
강 건너 송악산까지 흘러보기도 한다.
어제,
파주에서, 제진에서
도로가 폭파되었다.
선죽교를 향해 달렸던 길,

철책문을 열고 달렸던 해금강 길.

얼굴도, 목소리도
무너지는 콘크리트 잔해처럼
땅속으로 꺼지고,
흙먼지만 떠돈다.

길이 갇혔다.

우리들의 피는
만주 벌판을 향해 요동치는데

물총 한 줄기

—북한대사관 2

몽골 보건성 옆,

숨은 듯한 북한대사관.

닫힌 문.

깊게 내려앉은 커튼.

오래 서 있었다.

나와 닮은 얼굴들이 있을까?

나와 같은 말을 하고,

나와 같은 음식을 먹는

그들을 만날 수 있을까?

순간,

대사관 문이 열렸다.

여자들이 나왔다. 다가가려 서둘러 발을 움직였다

택시가 기다렸다는 듯 달려와 그녀들을 태우고 사라졌

다

언제 왔는지 모르는 자동차가 스쳤다,

순간,

뜨거운 물줄기가 내 얼굴을 후려쳤다.

북한대사관 앞,
내 밖에서
내가 나를 보는 듯했다.

교동도 망향대에서

한여름 햇빛에 엉킨 바닷바람
망향대,
연백에서 온 사람들이
벌건 눈으로 서 있었다.
강인지 바다인지 모를 물길이 앞을 막고
그 건너
건물, 집, 논,
소와 사람, 나무가 보였다.

"저기, 모랫등을 지나 층층 밟고 가면,
집에 갈 수 있을까…"
"나무 그늘 아래에서 누가 보고 있을까?"

며칠 전, 썰물 때 건너온 부자.
아버지는 죽음을 예견했을까.
그렇게밖에는 대를 이을 수 없었을까.
아들은 탐조등에 떨면서 촘촘한 지뢰를 피하면서
거슬러 흐르는 물살을 건넜다.

어둠 속에서 아버지의 눈빛을 보았을까.

그 눈빛을 놓치고

혼자 모랫등을 밟았을까.

이삼 일 뒤, 해안가로 밀려온 아버지의 시신.

장례를 치른 뒤,

아들은 어디로 갔을까.

강 건너 바라보던 곳에 왔지만,

아버지 없이 그곳을 다시 볼 수 있을까.

백암산 정상에서

안개가 잠시 걷힐까, 두근거리며 오른
해발 1178미터, 백암산 정상에서 갈 수 없는 곳을 본다

멀리 금강산댐*이 호수처럼 떠 있다.
물에 잠긴 들판,
금강산으로 가던 기차는 물속에서 달리고 있을까?
김화를 그리워하던 이들의 집집마다 유영하고 있을까?

GP 산길을 눈으로 좇아본다.
흘러간 물길처럼 다시 돌아오지 않는
물기 오른 봉오리 같은 청년들,
무엇이 앞에 서 있는지 모르면서
누구도 멈추지 않았다.

금강산댐에서 방류될 200억 톤의 물,
서울도 잠길 수 있다는 물결 같은 공포,
고사리 아이들 손도 세운 평화의댐**도 보인다.

검은새 한 마리 우는 사이
현실과 현실 사이에는 마른 계곡만 깊이 파인다.

이쪽에서 보면 저쪽이
저쪽에서 보면 이쪽이
무너질지 위태하다.

---

*   북한에서는 임남댐이라고도 불린다. 2003년 완공되었고 저수량은 26억 2000톤이다.

**   총 공사비는 1700억 원이었으며 이 중 639억여 원은 반년 동안 모은 국민 성금으로 충당되었다. 1987년 2월 28일 착공하여 1989년 1단계가 완공되었다. 인위적인 배수량 조절, 홍수 조절을 할 수 없다. 비상시 대량 방류를 할 수 있는 수문이 따로 없고 댐 옆에 설치된 여수로 몇 개가 작은 수문 역할을 한다. 집중호우 시에는 수위 조절을 위해 댐으로 역할도 하지만 평상시에는 건류댐이다.

김현식 선생님

1. 함흥의 아이

평양에서 러시아로 파견된 그가 "까치 까치 설날은 오늘이고요."에 맞춰 조선말 자모 노래를 가르쳐 도시의 유행곡을 만들었다. 그에게 남한 정보원들이 다가갔다.

6·25 때 헤어진 미국에서 온 누이,
칠십 노인이 된 누이,
누이의 따뜻한 손을 잡자
그는 어머니를 잃은 함흥의 아이가 되었다.

2.북으로 갈 것인가 남으로 갈 것인가

혼자서는 걷기 힘겨워하는 그가 만나서 한 첫마디,
그리고 책*에 써준 말.

"평양에 함께 갑시다."

그는 38년 동안 평양사범대학 교수, 러시아 파견 교수,
환갑이 넘은 나이에
남한 공작원들이 미국에서 데려온 누이를 만났다.

평양으로 서둘러 돌아오라는 지시를 받았다.
누이를 만난 것도 문제,
누이의 존재를 숨긴 것도 '이력기만죄'.

매일 밤 남과 북을 드나들다

조그만 항구에서 뜨는 배의 뜨거운
굴뚝 속에 매달려 정신을 잃었다.

3. 선물과 죽음

"신발, 이불 겉 천과 솜, 돋보기."

아내가 수첩에 써준 선물 목록. 러시아에서 첫 월급을
받자마자 사놓았다. 신발 크기를 몰라 하자 종이에 대고
발을 그려준 손자. 둘째 딸 결혼 때 이불 꾸밀 게 없어 큰
딸 이불을 빌려줘서 못내 마음이 아팠던 아내, 어느새 눈
이 어두워진 아내, 대학 강의실에서 만난 동갑내기 아내.

죽어서도 만날 수 있을까?

4.무엇 때문에 오셨습니까?

"무엇 때문에 오셨습니까?"

"서울에 가시면 교수님은 당연히 남한 최고의 대학에서
일하시게 될 겁니다.
그건 저희가 보증하니 걱정하지 마십시오."

"당신의 신분을 언론에 정확히 공개하십시오,

죽음을 무릅쓰고 남한을 선택해서 왔다면 당당히 그 사실을 밝히셔야 하지요.

당신을 보증 선 북한의 제자들이 누구인지도 말씀하십시오."

5. 누구인지 모르는 이

눈에 안개가 낀 듯한 그는 남한을 선택하고 시간이 흐를수록 남과 북이 쏜 두 개의 총알이 가슴 깊숙이 파고들었을 것이다. 무더운 여름 그는 미국에서 돌아와 그제야 한국 정착 이사 준비를 하고 있었다. 이사 후에 만나기로 약속을 잡았는데 전입신고하러 갔다 쓰러지셨다. 끝내 그는 남한에서 거처를 갖지 못한 것 같다.

보름 가까이 단식하고 맥이 끊길 때쯤 그를 언론에 노출하지 않을 것을 다짐받았다지만 평양의 그의 가족은 모두 사살되었다. 평택 들판의 장례문화원으로 죽은 아내와 아들과 며느리, 두 딸과 사위들, 다섯 손자들이 마중 나와 그를 평양으로 데려갈까? 우리는 그의 이름을 모른다. 그가 남한에 있었다는 사실을 유일하게 알고 있는 그의 손발이었던 남한의 아내가 기꺼이 두 손을 흔들어줄 것이다.

* 　김현식, 『나는 21세기 이념의 유목민』, 김영사, 2007.

널문리 미루나무

쨍쨍한 한여름 널문리* 돌아오지 않는 다리 옆에는 매미 소리도 쉬어 가는 미루나무 한 그루 서 있었다. 잎이 무성해져 이쪽에서 보니 저쪽이 안 보였다고. 무더운 어느 날 미군 장교들은 미루나무 가지를 치려고 도끼를 들고 다가갔다. 북한군들도 다가왔다.

"우리가 심었는데?"
"가지를 치려고"

돌아갔던 북한군들이 다시 다가와 미군 장교들**을 도끼로 내리쳤다.

"왜 남의 것에 손을 대느냐?"

장교들이 죽자 미루나무도 베어졌다.
검은새 한 마리 돌아오지 않는 다리에 내려앉아 울고 있다.

난민

고성에서 군사분계선 철책 넘어
북한으로 돌아간 그*,
강마른 몸, 작은 키,
삼 미터 넘는 철조망을
훌쩍 넘었다. 남쪽으로 온 모습 그대로

서울 끝자락 수락산 덮은
노원구에 살던 그는
새것 같은 매트리스와 이불
쓰레기 하치장에 버리고,
바닥을 닦고,
야간 청소로 꾹꾹 모은 돈
아무렇지도 않게 놓고 갔다

밤사이 어둠을 밀고 닦고
대낮 새우잠 자는 동안
사리원 고향집 주변을 맴돌다
어둑어둑

소란이 사방에서 몰려들면
빗자루를 들고
누구도 없는 현실로 돌아왔다

정착금 천이백육십만 원
일 년 동안만 한 달 생활비 육십오만 원
전세금 무이자 융자는
직업 없는 그에겐 그림,
밀려오는 월세 파도 타고

보이지 않았던 사람
존재하지 않았던 사람

철조망을 넘은 그는
더 높은 철조망 앞에서
어디를 향해도 갇힐까?

* 2020년 11월 고성 22사단 철책을 뛰어넘어 온 30대 북향민 청년으로
  2022년 1월 고성 철책 넘어 월북했다.

선포했다 외 4편

조재형

한파와 눈이 온다는 소식에
늦은 밤
밭에 나와 배추와 무우를 거둬들이고
긴 겨울을 생각하고 있었다

전화벨 소리

아빠
비상계엄이래
비상계엄 선포됐다
어디서?
뭐 어디야 윤석열이지
비상계엄?
선포했어
진짜로?
난리 났어 지금 국회
국회 어– 말이 안 돼
그럼 아빠 지금 국회로 가야 되는데

아닐걸

아닐걸이 아니라 진짜라니까

비상계엄 선포했다니까

길거리에 군인들 배치되면 어떻해

그럼 윤석열이 사형인데

선포했어?

선포했다

난리 났어

지금 뭐해

기사 보고 있어

기사

가짜뉴스 아냐

아니라니까

뉴스에 나와가지고 자기 입으로 선포했다니까

그래

윤석열이

미쳤다 미쳤어
뉴스에 나왔어
어디 뉴스
그냥 뉴스
KBS
어

일상이 또 무너지고
서울 가는 길바닥은 살얼음판.

남태령 대첩

1

진주, 무안에서
우금치
우금치에서 한남동을 향해
윤석열 체포, 구속 깃발을 펄럭이며
6일 밤낮을 달려왔다

남태령 수도방위사령부 앞
경찰 차벽에 막히고
트렉터 유리문 파편이
아스팔트 바닥에 흩어졌다
순식간에
농민이 끌려나왔다

영하 5도에서 11도,
체감온도 영하 21도

또 한 농민은 저체온증으로
구급차에 실려갔다

수도방위사령부 앞,
엄습해 오는 공포,
"파렴치한 종북 반국가 세력을 일거에 척결"
"망국의 원흉 반국가 세력을 반드시 척결"*

"윤석열 체포"
"윤석열 구속"

구호는 남태령 골바람에 깃발로 휘날리고
일 년 중 가장 밤이 길다는 동짓날
밤이 오고 있었다

2

"차 빼라, 차 빼라"
"불법 경찰** 차 빼라"
남태령 골짝으로 굽이쳐 오는 깃발과 응원봉 물결
님을 위한 행진곡과 소녀시대 다시 만난 세계가 만나고
농민가와 로제 아파트가 만나
새로운 역사가 피어나는 남태령

구호와 구호 사이 난방 버스 들어오고
구호와 구호 사이 어묵 트럭이 오고
트렉터 적재함이 발언대가 되고
끝없이 이어지는 감동의 자유 발언

"4년 전 돌아가신 농민운동가 고 신용범 딸 신우리입니
다
아빠! 보고 있어"
"전 젠더퀴어 입니다"

"전 장애인 입니다"

첫 문장으로 환대와 연대가 이루어지는 그대들

"내 땅의 말로는 도저히 부를 수 없는"***

아이들의 미소로 지위시는 선

북방한계선 통문을 들어서면 비무장지대
군사분계선을 넘어서 그대가 있었습니다
선과 선 지대와 지대에
유전처럼 전해오던 정지된 오십 년 시간 속에서
군복을 입고 이정표처럼 서 있는 그대
이름도 고향도 모르는,
물어볼 수도 없는 거리에
창문을 열 수도 없는 금강산 관광버스 안에서
관광증을 여권처럼 목에 걸고
국경 아닌 국경을 넘은 관광객으로 그대는 군인으로
마주치는 눈빛
그대에게 나는 무엇이었을까요
남측에서 온 적?

다시 마주치는 눈빛
손을 흔들면 흔들수록
그대에게 다가갈 수 있는 건지
그대 눈동자도 흔들리는지

상하좌우 애써 시선을 피하는 눈동자
아리게 박혀올 때
물총새 한 마리 시선을 지우고
늪으로 날아들어
흔들리고 흔들리는 억새와 갈대 사이
짙푸른 물옥잠 피워놓았습니다
그 푸른빛으로 감호를 지나고
남방한계선을 지나 영랑호를 끼고
고성벌에 들어섰습니다

고성벌을 가로지르는 금강산행 임시도로 옆
옥수숫대 더미 뒤에 숨은 듯
옹기종기 모여 앉아
들릴 듯 말 듯 속삭이는
가마중 같은 북쪽 아이들의 미소가
금강산 가는 길을 환하게 열어놓았습니다

동해북부선

    침목도 레일도 없이 흔적만 남은 도상 위로 기적 소리 뿜어낼 것만 같던 할아버지, 추석이 얼마 남지 않은 가을에 대추알 한 아름 보듬고 명파리를 떠나셨습니다. 그 길 뒤로 동해북부선이 놓이고 있습니다

    연어 떼 돌아와 알을 낳고 잠든 배봉천
    새 생명의 소리 꿈틀거리고
    대남 대북 방송은 들리지 않습니다
    지뢰탐지기 앞세우고
    길을 넓혀가던 군인들의 행렬
    명파교를 건너 쑥고개를 넘어간 뒤
    쿵-쿵
    지뢰 터트리는 소리 넘어오고
    우리들 몸 어디선가 들려오는 맥박 소리
    쿵-쿵
    뜨겁게 울리고 이어졌습니다

    생전에 길이 열린다는 소문이 떠돌 때마다 꿈길로 찾아

가시던 북녘 땅. 그 길엔 팔순이 넘으셔도 꽃다운 처녀로
남은 약혼녀가 있으셨다지요 그리고 어머니, 어머니를 만
나고 오는 꿈길 뒤엔 온통 철책으로 휘감기었다지요

　생이 악몽이셨던
　고성, 통천, 원산, 할아버지, 할아버지, 할아버지
　다 떠나시고 동해북부선 도상 위로 침목이 놓이고 있습
니다

　쿵-쿵
　쿵-쿵

그대 있는 곳이 만물상
그대 있는 곳이 망양대

온정령 백여섯 굽이
일흔일곱 굽이 만물상 입구
그대가 있군요

그대 말하지 않아도
들려오고
만 가지 생각이
만물상을 만들어내는군요

망양대에 오르지 않아도
보이는군요
그대와 나 사이에 백두대간이
북으로 남으로 굽이치고 있군요

정지! 외 5편
―백암산 케이블카 전망대에서

이성일

민통선 출입 신청서를 작성하고
신분증과 출입증을 바꾼 뒤
촬영금지 스티커 붙인 버스는
전쟁과 평화와
도발과 협정의 줄타기처럼
일행을 좌우로 흔들며
작전도로를 달린다

폭염과 멀미로 지뢰매설 표지판이
애기똥풀과 겹치다 사라지고
자꾸, 겹치다 사라지던 금강산 철도처럼
외줄에 매달린 케이블카

태풍 개미에
한랭전선이 남하한 걸까?
산등성이에 늘어선 철책 위
날개를 편 채
얼어붙은 황조롱이

정지! 정지!
움직이면 쏜다는 듯
벌건 대낮에 어디서
암구호 묻는 소리를
들은 걸까?

어두워지던 포구에서
머구리배를 기다리다
처음 들었던 소리

바다와 나 사이를
아버지의 아버지와
아버지를 갈라놓은

생선 가시 박힌
그 소리 너머
수문을 열어놓은

임남댐이 보인다

서울이 온통 물바다가 될 거라던
앵벌이 전두환의 해묵은 거짓말에

비상계엄의 작두 위에서
칼춤 추는 선무당 윤석열의
사람 잡는 거짓말에

막혀 있던 물줄기가
게거품처럼 쏟아져 내린다

강물은 어디서 맑아지는가?

빛이 바뀐다
늘어지는 그림자
팔다리가 긴
외계인을 보다가

풍경이 바뀐다
개나 고양이로
바뀌는 그림자

버려지는 것들이
싫어서 말이나
소를 풀어놓고
달리는 동안

북한강 상류다
스치는 군부대
스치는 연병장
잠시 순해지던 눈빛이

여우나 늑대로
돌변할 때

지촌리 연꽃마을
얕은 물가에 잠시
앉았다 날아가는
왜가리

눈이 부시다
눈을 감자 기억 속으로
흘러내리는 그림자

기억에 뒤섞여 물처럼
강물처럼 흐르는 그림자 위로
누가 서성거린다

길이 끝나는 곳에서
어김없이 마주치던 무장한 병사와

휴가 복귀를 앞둔 어린 군인들

산양으로 다목리로
서성거리다 길이 없어
물비늘처럼 흩어지던
모든 길들이 빛의 속도로
바뀌는 동안

습지로 휩쓸리던 북한강 줄기가
키보다 큰 연꽃 줄기로 일어서
어둑해지던 강둑을 넘나들며
눈부시게 다시 흐른다

너지? 너 맞지?

굴러온 돌 박힌 돌 빼듯
내 머릿속을 온통
돌 깨지는 소리로 흔들어 놓던

박힌 돌 깨지며 울려 퍼지던
그 소리 그 노래가 아파트라니!

아! 할 때 터지다가
파, 에서 깜빡 꺼지는가 싶더니
트! 에서 번쩍 퍼지는 빛

형형색색, 저마다
타들어 가는 속은 달라도
뜨겁기는 모두가
마찬가지던 그날 그
불덩어리처럼

시청역 2번 출구 계단 밑에서

촛불집회를 막으려고 줄줄이 앉아 있던
경찰기동대 1개 소대를 겁없이 혼자

아저씨들! 쪽팔리지 않아요? 아저씨 자식들도 아저씨
이러고 월급 받는지 알아요?

막힌 통로를 쩡쩡 울리던
당돌한 그 목소리 너 맞지?

몇은 비웃고, 몇은 외면했지만
너를 막아선 경찰 아저씨도, 재롱잔치 보듯
네 뒤에서 구경만 하고 있던 꼰대 아저씨도
모두 같은 눈빛이었어, 우리 애들도
너처럼 컸으면 하던 눈빛

그 때문이야. 분노를 주체하지 못하고
점점 더 막나갈 것 같은 너를 데리고
광장 맞은편 어두컴컴한 길가에 앉아

함께 켜 든 촛불을 말없이 바라보고 있었던 것도

혁명처럼 환했던
그날 그 불꽃은 아니었지만

헬리콥터에 속수무책
흩어지던 눈발처럼
흩어지지 않고 소복이 뭉쳐
무장한 군인들 어르고 타이르던
함박눈 같은 아저씨도 너도
그때 그 눈빛들이 키운 너!
너희들 맞지?

아무 일도 일어나지 않았다는 듯

누가 문을 두드린다
모두가 비상계엄의
집단불면에 시달리는
이 밤에

흙 묻은 발로는 오를 수 없는
아파트 4층 베란다 창문을
두드린다, 나뭇가지다

꽃 필 때 잠깐
꽃잎인지 눈발인지
해 들지 않는 뒤꼍을 환히
비추던 왕벚나무다

아무 일도 일어나지 않았다는
망나니 윤석열의 칼바람에
잊었던 흙내가 묻어 온다

치솟는 집값에, 재개발
부동산 투기 바람에
묻어 온다. 국회 본관
뒷마당에 진입한 헬리콥터
날개 소리가 묻어 온다.

강제철거 통지서와
시뻘건 래커로 휘갈겨 쓴
스프레이 페인트 냄새에
묻어 온다. 국회 앞 대로에서
장갑차를 막아세우던
시민들의 분노가

공포로 묻어 온다. 나지막한
집들의 벽과 지붕을 무너트리던
포클레인이 지나간 자리에
집인지 상품인지
층층이 쌓아놓은 매물에 매달려

온다. 아무 일도 일어나지 않았다는
피청구인 대통령 윤석열의 파면에
울고 웃는 꽃들이 또
아무 일도 일어나지 않았다는 듯

흩어진 산

누가 묻는다
어디서 오는 거냐고?

웅치* 너머
두목마을이라고 말하려다
모래재라고 중얼거린다

재 넘어 전주나
진안으로 가지 않고
어디로 가냐고?
다시 묻는다

생존 장비 구겨 넣고
숨이 차오를 때마다
한 모금씩 가벼워지는
배낭을 푼다

주화산 조약봉 표지목 옆

삼정맥 분기점에서 사진 찍고
전망대에 둘러앉아
비상식을 나누어 먹는 동안

먼 먼 산의 봉우리들
하나씩 다가와
피사체로 끼어든다

가는 길 흩어져
달라진 생각 서로 다르게
품어보려고 어깨를 나란히
맞추는 산, 산줄기

조여온다. 어느 쪽을 향해도
고향 마을 뒷동산에 닿을 수 없어
뿔뿔이 흩어져 길을 찾던 이들도

웅치로 모이던 그날 그분들처럼

삼정맥 분기점에 다시 모여
민통선으로 군사분계선으로
산줄기를 하나씩 밀어 올린다

---

*   완주군과 진안군 사이의 고갯길. 임진왜란 초 왜군에 맞서 의병과 관군
이 합동으로 호남을 지켜낸 곳.

바다가 아니면
—옥정호 망향탑에서

고향을 잃어버린 사람들에게
고향은 무엇일까?

생각만 해도 펑펑
샘이 솟을 것 같은
물방울일까?

오봉산에서 묵방산으로
흘러가는 산줄기는 잠시
지도에 접어 두고
모악산 너머 호남평야로
너울거리는 물안개를 본다

물먹은 솜처럼
가라앉은 마을들
저기 저, 붕어섬은
외앗날이라는데

도마터 잿마을 노리목 버들골을
너른 들판처럼 품어보려고
아버지의 아버지가
아들이 아들에게
조각조각 갈아엎어
날이 선 산이라는데

부레병에 걸린 붕어처럼
흐르지 않는 물 위에 떠
초점 없는 눈빛으로
먼 산 먼먼 하늘을
하염없이 바라보는 이들에게

고향은 무엇일까?
바다가 아니면 어디든
모여 있지 못하는 물줄기일까?

잠시 모여 있어도

스며들지 못하는,

황금빛 자작나무 <small>외 1편</small>
—자작나무 4

최수현

자작나무와 함께 살았다.

기울어진 가지 한쪽에 눈이 쌓인 걸 보면
동화책 속표지 오두막집에서 온 것 같고
하얀 껍질이 벗겨진 걸 보면
강원도 도로변에서 따라온 것 같다.

내가 사람 사이로 들어가
사람의 꿈을 꾸고 악몽에 시달리면서
자작나무는 꽃도 열매도 맺지 않았다.
바람에 속삭이는 바람도 불지 않았다.

예세닌 시 속 창문 밑에 자작나무를 옮겨놓았다.
노을을 받을 때마다 황금빛에 물들어 내게 돌아왔다.
야생으로 보내달라고.

나는 태백산에 올라
자작나무를 놓아주었다.

백두대간을 타고 가고 싶은 데까지 가라고.

자작나무가 몸부림치기 시작했다.
'나는 네가 생각하는 곳에 있어.'

마이산 천지탑에서

기도 줄
하나하나 짧아지고
곧 내 차례

여긴 한 가지 소원은 반드시 이루어진다는데
무엇을 골라야 하나 허둥대는 사이
돌탑 앞으로 밀려왔다

불볕 아래
달궈진 단, 맨발
두 손 꼭 모아 빌고 있는 남자
검은색 긴 바지, 주황색 등산 조끼를 입고
굽은 어깨 바로 위
울듯 울지 않는 얼굴로
이글이글 땀방울이
깊게 팬 붉은 주름 타고 흐른다

무엇을 저리 간절히 빌고 있을까?

온전한 몸들 가만히 기다린다

중년의 남자와 돌탑이
하늘 중심 꼭짓점을 향해 타오르는 정오
간절한 눈빛, 제련되는 욕심들,
침묵이 그의 기도를 받치고 있다

안국역 외 9편

이승규

펄 펄 쏟아지는

삼월도 지나가는 한밤중
폭설

아직 지나가지 않은 것이 있다는
봄 전갈

아직 기뻐할 것
슬퍼할 것도 없다는

인국어 2

여상 나와 은행 들어가는 게 최고였던 때
드디어 주택은행 들어간 고종사촌 누나가
지난 3년 동안 새벽에 월곡동에서 걸어가
가방 줄 세워놓던 정독도서관 입구

세월 좋아져 나는 대기표 받고 잠깐 기다리다 입장해서
는
열람석에 가방 던져두고 도서관 식당에서 우동부터 먹
은 뒤
사일구 기념비 스쳐 인왕제색도의 진짜 인왕산 바라보
다가
경복궁 민속박물관 비현실적인 기와지붕 바라보다가
가방 챙겨 나와 북촌 골목을 쏘다녔다
덕성여고 여중 정문 지나 미국대사관 시설 높다란 담을
끼고
어둑한 길을 걸었다 김중업이 설계한 멋없는 안국빌딩
건너
버스 타고 흔들리며 집에 돌아와 잤다

한여름도 있었을 텐데 왜 추웠던 기억만 나나

도서관 밑 기무사 쪽문 지나 청와대로 가는 통로엔 바리케이드

백악에서 흐른 물보다 시렸을까, 불안과 걱정과 공포뿐인 시절

그래도 세월 좋아져 나는 데모 한 번 안 하고 어려운 일 피해서

좁고 긴 골목 흘러가듯 요리조리 빠져나온 듯한데

큰길가 닭장 같은 전경 버스 옆 먹다 남은 빈 식판

줄지어 앉은 전투복들 땀에 전 헬멧 땅바닥에 벗어놓아야

아는 동네 형 같아 보이던 거무튀튀한 얼굴, 얼굴.

기무사가 국립현대미술관이 되고 풍문여고가 공예박물관이 되고

소격동이 아이유의 노래가 되고 빈 집터가 노무현시민센터가 되고

가정집이 런던베이글이 되어 주말에도 국내외 관광객
이 북적거려서

"사람 사는 곳이니 제발 조용히 지나가 주세요"라고 적
힌 간청이

담벼락에 붙는 사이, 백송 보려고 경비실에 살짝 얘기하
면 언제든 들어가

백송 아래서 조용히 쉬곤 하던 헌법재판소 앞에 줄지어
차벽이 세워졌다

노기 띤 청년들, 유튜브 찍으며 중얼대는 노인들, 욕하
는 여자들을 막는

경찰들에 막혀 신호등을 세 번 건넜다 건너편 송현동엔
다른 사람들

노래 부르고 춤추듯 몸을 들썩이고 간간이 팔 뻗어 구호
외쳤다

낮엔 벌써 덥고 미세먼지 자욱하다가

어느 날엔 그나마 공기가 맑고

먼 곳에서 기나긴 산불 소식이 진화되지 않고

저녁에는 다시 이상하게 춥다
이제 아파하지 않지만 비가 내리지 않고
길가에 나무들이 앙상한 채 싹이 나지 않는다
여기가 밤인가 봄인가, 내가 아는 안국동인가
우리도 모르는 서울, 이천이십오년
낯익고 생경한 골목길인가
안 올 열차인가, 파릇파릇할 이파리인가
미칠 듯이 피어나 온통 흩날릴 꽃잎들인가
아직까지 흘려야만 할 피인가
기다리고 기다리고 기다려야 할 새벽인가

선띠
―안국역 3

  급하게 정권 바뀔 기미에 예정보다 이르게 기관장 취임
한 사람이 무더기로 선물받은 난초 화분 중 하나를 처분
하듯 내게 막무가내 주겠다는 것을 번연히 여러 번 손사
래 쳤는데도 기어이
  화분이 왔다

  난초 잎 떠는
  사월 삼일의 냉기

  가는 잎새 잎새마다
  너 아니면
  나에게로 뻗친

  퍼런 칼날
  푸르르 떠는

봄의 선고
—안국역 4

"주문. 피청구인 대통령 윤석열을 파면한다."

식목일
—안국역 5

완연한 봄비
그토록 엄정한 풀빛
너무나도 타당한 구름 구름

당연한 걸 당연하다 말하는 기쁨
당연한 걸 당연하다 말해야 하는 슬픔

우산 쓴 사람들이 사거리를 건너간다
가려진 얼굴이 저마다 부드럽게 젖어 있다

더 많은 나무들이 한꺼번에 꽃을 피우리라

흐른다는 것이
—북한강 1

큰일 났다고, 한강 건너는 버스 스피커에서 라디오가 흥
분하였다, 퇴근 시간 빽빽이 들어차는 공포로 버스가 요
동쳤다, 집에 와 TV를 켜니 63빌딩 하반신이 강물에 잠기
는 모형이 뉴스에 나왔다, 올림픽 열리는 서울을 물바다
로 만들려고 북한이 댐을 짓는다 했다, 중2 때였다, 잠이
오지 않았다

막 잠이 드는데 버스가 멈춘다, 케이블카로 갈아타고 백
암산 정상에 내린다, 출렁이는 산 물결, 점점이 초소들, 은
밀히 기어가는 하얀 작전도로들, 구름 사이로 임남댐이
나타난다, 댐에 담긴 푸르스름한 물빛이 비친다, 산 아래
보이지 않는 군사분계선 거쳐 물줄기 따라 멀리 평화의댐
도 보인다

마른 논 흘러들어 벼 물결 싱싱하게 일으키는 물
온갖 물고기들 키우고 새를 날리고 나무에 꽃 피우는 물
나눠주고 이어주고 합쳐지다 고요히 깊어지는 물

전망대 내려와 마지막으로 버스에 탄다, 굽이굽이 산길을 따라 우리도 흘러 내려간다, 북쪽 향한 위장막 포신 사이를 유유히 지난다, 철조망 빠져나와 식당가와 빙어축제장 넘어 강으로 간다, 어느새 강물 되어 흘러내린다, 쉬지 않고 흐르는 게 결국 만나는 거라고, 연잎 위로 철벙! 튀어오르는 물고기

양구楊口 밖에서
—북한강 2

 # 2사단 소대장 실습

소양호 선착장에 실려 갔다, 납작한 군용 수송선 바닥에 빽빽이 채워졌다, 창이 없었다, 호수를 한참 달리다 도착했다, 우리가 내린 뒤 신병들이 줄지어 내렸다, 해쓱하고 겁먹은 얼굴들, 트럭 타고 사단, 연대, 대대 거쳐 신고하고 각 중대로 흩어져 짐을 풀었다

뙤약볕에 반바지만 입고 맨발로 다니는 군인들, 행군이 많아 발바닥을 단련시키는 거라고 행정병이 말했다, 행군으로 부대가 기네스북에 오를 정도라고 했다, 거의 다 왜소한 몸집들, 분노와 슬픔이 뭉쳐진 표정들, 대학생이 별로 없다고 했다, 빽 있으면 이런 데 안 오죠

일주일이 더디게 갔다, 훈련에 동참하고 내무반에서 병사들과 같이 잤다, 점차 친해졌다, 누워서 두런두런 이야기를 나눴다, 제대하고서 진짜로 하고 싶은 일들, 별사탕처럼 달고 별처럼 까마득한 얘기들, 무사히 소양호 건너 집에 갈 수 있다면

북한 잠수함 사건

양구에서 돌아온 한 달 뒤 강원도가 발칵 뒤집혔다, 북한 잠수함이 강릉에 좌초했고 거기서 빠져나온 북한군 15명을 잡으려고 국군이 대거 투입되었다, 북한군 13명이 사살되고 1명이 생포됐다, 국군과 민간인도 목숨을 잃었다, 2사단 공병대대 표종욱 일병이 싸리비를 만들러 나왔다 북한군에 붙들려 고문당하고 살해됐다, 탈영범으로 처리됐다가 북한군이 벗겨간 전투복이 발견되는 바람에 시신을 찾을 수 있었다

종욱이는 누구나 좋아하는, 키 크고 명랑하고 착한 후배였다, 학군단에 지원할까 고민해서 몇 번이나 권했다, 창밖에 버드나무들이 물결치듯 넘실대는, 유난히 햇볕 환하던 하얀 방에서였다, 종욱이가 큼직하게 웃었다, 형, 알겠어요

교동도 구름

어디서 뜨는 구름이든
고향으로 가네

밀물 썰물에 조촐히 씻기고
뙤약볕에 부풀어 올라

처음으로 그 어제로
벅차게만 흘러가네

철조망에 찢겨 부서지고
발 헛짚어 그만 조류에 휩쓸려 가도

돌고 돌고 돌아 어디서든
고향으로 고향으로 가네

주황색 잠수함
─안인진 1

주황색 잠수함이 바다에 떠올랐다. 주황색 병사들이 잠수함에서 줄지어 나와 육지로 올라갔다. 주황색 병사들은 어딜 가도 눈에 띄었다. 사람 붐비는 오일장에 놀러 가고 초등학교 운동회에 참가하였다. 민방위 훈련 때는 거리에서 차량을 통제하였다. 산불 예방 캠페인에도 앞장섰는데, 주황색 병사들이 주황색이라는 이유만으로 주민들에게 외면받았다. 주황색 병사들은 주황색이 결코 해로운 게 아니라고 설득하였으나, 번번이 묵살되었다. 단풍철이 돌아오자 주황색 병사들은 존재감마저 희미해졌다. 주황색 병사들이 바닷가로 몰려가 정박해 놓은 주황색 잠수함에 올라탔다. 쓸쓸히 바닷가를 떠났다. 소문에 의하면 잠수함이 향한 곳이 그들이 처음 떠나온 데가 아니었다고….

주황색 잠수함이 바다 위에 다시 떠오르지 않았다.

녹슨 수평선
―안인진 2

해안도로 달리다 봤던 낡은 잠수함
올봄에 이미 해군 1함대로 실려 가고
그 주변엔 빈 바다 흐린 수평선

가느다란 비탈에 난 길로
기념공원 전적비와 충혼탑 지나
월요일도 문 연 안보전시관 문을 연다

잠수함보다 넓은 단층 전시실
잠수함 타고 온 사람들이 가져온
쌍안경, 소총, 권총, 수류탄
펩시콜라 캔과 검은 포도술
녹색 유리병의 신덕샘물

물속에서 목마른 채 빠져나와
목 타는 시간들, 목숨 꺼질 때까지
무한반복 이어졌을까

전시관 냉온수기 지나쳐
나간 주차장, 수평선이 뵈지 않는다
철길 밑으로 안인항에 들어선다

아무 일 없다는 듯 빈 방파제
여태 문 안 연 식당과 모텔
가파른 산비탈로
일렁이고 일렁이는 파도

수평선이 점점 다가온다

내 발치에 기어올라
맨 목을 턱, 휘감는다

수상한 밤에 <small>외 2편</small>

박성훈

늦은 설거지를 하다가
아기를 재우고 나온 아내에게

"윤석열이 계엄을 선포했대."

큰아이는 이불도 안 덮고 배 내놓고 잠들었고
둘째는 엄마 뱃속인 듯 웅크리고 잠들었고

"미친놈!"

국회로 모이는 사람들과
얼어붙은 하늘에는 헬리콥터

그들도 소리를 들었겠지?
향로봉 능선을 흔들던 프로펠러 소리와
전투식량과 전투식량 사이
점사 점사 연사
섬광탄이 터질 때마다 밝아지던

비현실적인 하늘 아래

내 고향 근처 바다에서 좌초된 그들을 돌려보내지 않으
려고

총을 겨누고서는

집으로 돌아가고 싶었던

매복의 밤*

이 밤의

공기가 수상하다

춥고

두렵고

무겁고

갑갑한

잠들지 못하는 밤에

곤히 잠든 아이들을 바라보는 밤에

* 　1996년 9월 강릉 앞바다에 좌초한 북한 잠수함에서 빠져나온 북한 군인
　이 백두대간을 따라 북으로 향했다. 우리 부대는 백담사 계곡에서 10일,
　향로봉 능선에서 10일, GOP에서 10일을 매복했다.

응원봉
—12월 14일의 바람

크리스마스 장식 볼을
손전등에 달았다

눈 동그랗게 뜨고는
티비 속 응원봉만 쳐다보던 아이는

저 사람 나빠!
(잘 알지도 못하면서)

손전등에 불을 켜니
아이 얼굴이 환해진다

제법, 세계를 다시 만날 수 있겠다

마중

언 땅을 갈아엎었다.
겨우내 생기 잃었던 흙이
트랙터 삽날에 들썩들썩
시린 하늘로 솟구쳤다.

2024년 12월 21일 밤
남태령 고개에 당도한 농민들과 트랙터를
이웃 시민들이 맞이했다.
서로 얼굴만 봐도 흥겨운* 이들을
누가,
무엇으로,
가로막을까.

몸을 부르르 떨며
트랙터 엔진이 힘차게 박동했다.

트랙터가 지나간 자리는
퇴비와 흙이 뒤섞였다.

날이 풀리는 대로
온갖 생명붙이가 움트리라.

밭 너머 큰길에서
두 손 가득 막걸리며 주전부리를 든
이웃 친구가 오고 있었다.

*   신경림 시 「파장」에서 변형해 인용.

교동도 낙섬 전망대에서 외 13편

장윤서

1

누구나 다 철책선을 두르고 있지

내가 쳤는지
누군가가 나도 모르게 갖다 놓았는지
언제부터 쳐졌는지 정확히는 몰라도
당연히 있어야만 한다고 생각했던
꽤 오래전부터 있어왔던
날이 바짝 서 있어야 할 것만 같은

철책선

2

얼마 전
달빛 한 점 없는 썰물의 시간 때

북한 주민 한 명이 이 부근으로 넘어왔단다

그이에게 철책선은 언제서부터 보였을까
숨구멍 뽕뽕 뚫린 처절한 갯벌에서부터?
노랗게 물들어 가던 연백평야에서부터?
그런 결심을 하게 된 칭칭 감긴 마음을
어루만져 주거나 더 꽁꽁 엉키게 했던
가족과의 마지막 식사 때부터?
날개가 나지 않는다는 걸 알았을 때부터?
철책선을 완전히 넘었을 때부터?

3

녹슨 철책선 대신
가시도 약간 무뎌진
해당화 군락을 두르면 안 되나

북쪽이 고향도 아닌
해방둥이 시인부터
남쪽이 마지막이 아닐
제대한 지 얼마 안 된 대학생까지
달빛 한 점 없는 늦여름 한낮에
밀물의 시간으로 철책선을 마주하고 있습니다

방향을 찾고 싶은 누군가가
넘어가려 합니다
방향을 같이 나눌 누군가가
기다리고 있습니다

당부

달디단 자두를 남겨두고
먼저 가야만 한다는 이
헤어지지 말자고 붙잡고 싶었습니다

소중한 이를 보내봤던 이라면 알 겁니다
소중한 이들을 떠나야만 했던 이도 말이죠

절정이 지난 화천 연꽃 단지
연꽃이 떠난 그 자리에
아쉬운 비린내까지 흠뻑 묻힌 연밥들이
절정을 품은 씨앗들을 알알이 달고 있었습니다

절정의 순간은 다시 오겠지요
우리는 그렇게 호들갑스럽진 않게
절정이 왔었는지도 모를 땡볕을 걸어왔습니다
우리는 다시 잔잔하게
드문드문 핀 흰 약속 붉은 약속 사이를 걸어갑니다

우리는 모두
언젠가는
떠날 사람들

연꽃 진 곳에 있는 이들이여
맘의 준비 단단히들 하시어요
그렇게도 붙잡고 싶은 이가
그곳으로 가려 합니다

없다

—20241203 밤 10시 29분

침묵이여 멍함이여 낮술로 이어지던 숙취까지 한동안
전부가 멈춤이여 감탄사여 사실이여 진실은 중요하지 않
은 실상이여 불안이여 AI여 가짜 뉴스여 검색이여 MBC
여 실제여 확신이여 헛웃음이여 낮은 욕설이여 깊은 긴
장이여 부정이여 꿈이여 혼란이여 영화여 소설이여 카톡
이여 내 편이여 기대여 불은 라면이여 유튜브여 이재명이
여 국회의사당이여 그래도 술 취한 무거운 엉덩이여 전화
여 막막함이여 통보여 자괴감이여 순간이여 장갑이여 패
딩이여 아니 기능성 등산복이여 생수병이여 비상식량이
여 어이없는 칫솔이여 남은 현금이여 은행 비밀번호여 영
웅이여 김재규여 나이여 비겁함이여 시여 사랑이여 가족
이여 빗방울화석이여 네팔이여 봄꽃들이여 뜨거운 산의
얼린 술이여 소파여 빈둥거림이여 그래서 더 무거운 엉덩
이여 다시 기대여 형체 모를 염원이여 그때 헬기여! 경악
이여 프로펠러 소리여 현실이여 군인들이여 총이여 그 귀
터질 듯한 총성이여 피와 살점이여 광주여 서울이여 대한
민국이여 모든 것이

공포여

생전 처음 접해보는 감정이여
내 모든 것을 지워버리는
내겐 결코 없었던 주인이여
그래서 내가 아닌
나여

계엄이 성공했다면
—20241206 그 자리에서

그날 밤 살아남았다.

오래전부터 약속돼 있던 술자리. 낮부터 이어진 술자리로 뉴스 속보를 멍하니 보고만 있을 수, 뉴스 속보를 보기도 전에 잠이 들어 새벽녘까지 절대 깨어 있지 않았다고 얘기해야 한다. 들어줄 사람이 없어도 나를 위해, 혹시라도 내 얘기에 나도나도 하는 사람이 있다면 더 격하고 안타깝게. 욕구는 그래도 용서받을 수 있으니까.

그다음 날도 살아남은 걸까.

끝도 없이 이어지는 뉴스 속보들. 그 역겨운 웃음 짓는 양복 입은 무당들의 작두춤이 펼쳐지면 그동안 내가 알고 있었던 모든 사실들은 끌려갔다, 사라졌다, 간첩이었다. 아버지에게 전화가 왔다. 이게 다 아버지 같은 노인네들 때문이잖아요 씨발 진짜 어떻게 책임지실 거, 네 아버지. 아무 일 없을 거예요. 무릎 약이요? 네네 말씀 조심히 하시구요. 들어가세요. 아버지는 안전하실 게라. 6·25 전쟁 전 동네 술자리에서 빨갱이 어쩌고 흰소리를 하시다가 대한청년단에게 끌려가 생사를 모르게 됐다던 할아버지. 안

심되나?

　그다음다음 날도 꾸역꾸역 살아남았다면
　어떤 날이 돼도 살아남을 가능성이 클 거야. 나에겐 가족이 있으니까. 내년엔 또 이사 갈 준비를 해야 하거든. 설날 연휴 일정도 확인해 봤을 것이고 때 되면 입맛은 없겠지만 밥도 먹어야지. 누굴 찾거나 누구 소식을 알고 있냐는 연락이 끼니보다 자주 오겠지. 너는 안 왔어? 빨리 와 장갑 꼭 끼고 비상용품 있는 대로 다 챙겨서 거기 있지 국회의사, 그 연락은 조금씩 조금씩 부고로 바뀌게 되면서 알림음을 아예 꺼놓겠지. 확인하지 않고 쌓여만 가는 연락 속에 네 소식도 있을까. 당신들은 답장을 안 하는 걸까, 못 하는 걸까.

　종량제 봉투가 터지도록 쓰레기를 넣고
　그 위에 쓰레기를 더 덧대고 테이프를 둘렀다.
　지구를 위해서라네 후손들을 위해서라네
　늘 하던 대로 재활용까지 마쳤다.

그날은
어느 날인지도 모르겠다.
살아남기 위해 시도 안 쓴 그날인지
헬기 소리 들릴 일 없던 그날인 건지.

다 짜고서 버릴 치약을
다시 누르고 누르며 기어코 짜내고선
그 순간 소소한 행복을 느낄 때
나는 살아남은 걸까.

끝까지 일상을 두르고 둘러도 터져나갈 때
끝까지 짜내고 짜내도 눈물조차 안 나올 때
살아남아야 하는 내 앞에
펜과 칼이 놓여 있다.

무엇을 잡아야 할까
어떻게 잡아야 할까

전국 집에누워있기 연합
―20241207 국회의사당 앞에서

자유에는 피의 냄새가 섞여 있으며
혁명은 고독한 것이라고 말한
어느 시인의 오래된 말*도
이제는 수정되어야 한다

피의 냄새가 스미기 전에
너무나 고독해서 쓴 소주만 들이키기 전에
자유에는 개드립이 있어야 한다
혁명은 존나 왁자지껄해야 한다
자유로우려면
혁명을 성공하려면
개신나야 하니까

제발 그냥 누워 있게 해줘라
우리가 집에서 나와서 일어나야겠냐
는 문구가 적힌
〈전국 집에누워있기 연합〉의 깃발이
수많은 다른 깃발들과 잔치 중이다

정의는 뒷짐 진다고 오진 않는다
민주주의는 넥타이만을 매진 않는다

* 　　김수영 시인의 「푸른 하늘을」에서 일부 변형하여 인용.

다시 만난 세계*
—20241207 국회의사당 앞에서

탄핵안 투표가 성립되지 않았음을
국회의장이 선포했을 때
나는 무기력한 국민임을 익숙하게 느끼며
익숙한 분노와 욕설을 끄집어낸다
그랬듯이 건물 뒤로 흘러가 그랬듯이 담배를 물고
586 선배들과 미약한 희망을 익숙하게 쥐어짜고
또 그랬듯이 이어질 술자리를 찾아
허망한 발걸음을 돌려 간다

모든 게 다 익숙했던 무채색의 세상 속에서
펼쳐진
세계
아, 이런 세계가 다 있었나

국회의장의 선포는 축제의 시작을 알린 듯
무기력한 국민은 어디로 갔나
저 2030 여성들의
거침없고 무질서한 춤들을 보라

욕설을 흥겨운 노래로 덮어버리며
분노의 색깔은 하나가 아니라는 듯
응원봉에 출렁이는 다채로운 빛의 향연
누구를 맞이하는가 무엇을 맞이하는가

임을 위한 행진곡으로 로제의 APT도 괜찮잖아
슬픔도 절규도 링딩동하면 안 돼?
화염병 없어도 불타오르네
술 없어도 오늘 밤은 삐딱하게
전봉준 장군이여 야발라바히야 덩크슛을!

아무도 보지 않아도
누구나 보라고
아무나 누구나 다만세를 할 수 있다고
희망은 12월 14일에 있는 게 아니라
원래 없던 거라고
만들어가는 거라고

동물원에서

—20241214 국회의사당 앞에서

내 건너편에 있는 당신들은
어떤 생명체인가

무표정한 경찰과 부실한 이동식 펜스로
탄핵 반대파와 찬성파로 나누어진 여기

서로가 서로를 보고 있다

잘 들지 않은 칼로 깎은 처절한 소리가
끝에 서 있는 얼굴들에서 쏟아져 나온다
지만, 너무나도 명확하게 갈라져 있다는 것은
몹쓸 안도감을 만들어낸다

이 펜스가 무너지지 않고
저 경찰들이 다시 끝 간 표정을 짓지 않는다면
이쪽도 저쪽도 안전하단 걸 알고 있다
그 안전함 속에서
그들의 광기 어린 모습을 우월하게 볼 수도 있다

해도, 못 알아듣겠다
구호와 함성까지 뚫고
오금이 저릴 정도로 이쪽을 향해 퍼붓는
저주의 괴성을 하나님의 심판을
알아듣겠는데 못 알아듣겠다

너무 애처로워
측은하게 바라보던 한 무리에서
한 늙은 생명체가
나와 같은 눈을 하고 눈을 맞추고 있다
그 부릅뜬 흰자위에 눈물까지 맺히고서

그대들 건너편에 있는 나는
어떤 먹이를 좋아하는 거 같나
그대들 건너편에 있는 우리들은
유해한가 길들여져 있는가

키세스단*

승패는 이미 떠난 것이리라

신은 물러나 있는 지 오래
노인들은 이미 죽어 있었고
늙은 젊은이들도 그들을 따라갔다

그 허망하고 거대한 빈자리에 꽂힌
흰 돌도 검은 돌도 아닌
묘수도 꼼수도 아닌
적막한 눈을 뒤집어쓴
은빛 돌, 정수正手
78수**

어떤 수이길래
놓이지 않은 돌들도 대마로 만드는가
뭉클해진 신을 다시 불러오고
죽을 돌들마저 기어코 다시 살려내는가

중요한 건

그 수 자체가 아니다

언제부터 놓였냐는 것이다

누가 놓게 했냐는 것이다

*   탄핵당한 윤석열의 체포를 촉구하는 시민들이 대통령 관저 앞에서 폭설
    과 추위 속에 은박 담요를 덮은 형상이 은박 포장지의 초콜릿 '키세스'를
    연상시킨다는 데서 부른 명칭.
**   바둑 기사 이세돌 9단이 2016년 3월 13일 인공지능 알파고와의 네 번째
    대국에서 승리로 이어지는 흐름을 만든 78번째 수.

가족을 위하여
—20250129 설날 밥상에서

내 머뭇거림은
다정한 당신들에게서 왔다
미안하다, 내 치졸함도
아무 일 없었던 듯 소란스러운
당신들에게서 온다는 말이다
직장 상사에게 노래방에서
무릎을 꿇고 노래를 했을 때도
하늘 같은 빌어먹을 연대장 새끼에게
거짓된 용서를 비굴하게 구했을 때도
옹기종기 모여 있는 가족들 당신들이
물끄러미 나를 보고 있었다

유년 시절은 찰나였지만
아직도 나는 조금은 현명해진 유년으로 남아 있고
그 시절을 사랑으로 추억하게끔
다른 유년들과 술 한잔 기울일 때마다
서로를 타이르며 변할 수 없는 사람다움을 곱씹었다

매해 그렇듯이 TV를 틀어놓고
갖가지 고명을 얹은 떡국과
집에서 담근 식혜를 우물거리며
우리는 부모님들의 치매를 걱정한다
좀처럼 오르지 않는 애들의 성적과
좀처럼 내리지 않는 당 수치를 안주 삼아
오르는 내리는 주식에 집값에 너스레를 떤다

국민을 지운 권력자들을 보고도
명예를 지운 군경들을 보고도
예수를 지운 목사들을 보고도
진실을 지운 기자들을 보고도
예언을 지운 시인들에 대해서도
아무도 얘기하지 않았다

애들은 유년 시절을 확인하려
줄어든 세뱃돈을 봉투 열어 추억하고
할아버지 할머니는 오래 이어져 온 환한 웃음을

사투리 없이 손주들에게 각인시키고 있다

가족들은 오늘도 평온했다
영원히 평온해야 할 가족들을 위해
우리는 윷놀이를 하면서
당연한 듯 상대편 말들을 지우고 있었다

설날
—20250311 아수라도에서

끊자 친구여
30년 넘은 오래된 술은
우리처럼 그럭저럭 지내고 있겠지
사실 우리는 어쩌다 만나더라도
대폿집 찬 소주 서너 잔에도
오래된 온기를 더 데우지 않았나

하늘의 뜻을 훌쩍 깨달은 우리
자네는 한잔 술에도 죄책감을 갖는 독실한 집사
안암골에서 막걸리깨나 마셔본 철학도
손아랫사람에게도 깍듯하고
그렇게도 가족을 끔찍이도 아끼는 가장

나와 같은 길을 걷자는 건 아니네
나와 같은 꿈을 꾸자는 건 더더욱 아니네
서로의 길과 꿈을
예전처럼 따스하게 말하고 들어주자는 것이네
자네의 길과 꿈의 끝에는

나의 피가 숨어 있다네
저 우리와 같은 다른 이들의 절규가 모여 있다네

내가 아는 자네의 신은 죽음의 신이 아니라네
내가 아는 목사는 가래 끓는 소리를 내며
누가 죽기를 기도하며 아멘 하지 않는다네
내가 아는 대통령은 말이네
내가 아는 자유란 말이야
내가 아는 민주주의는
내가 아는
우리가 아는
우리가 알던

자네가 말하는 천국엔
내가 알던 친구는 없으니
자네가 말하는 지옥에서
자네와 같았던 사람들을 만나
자네와 했던 이야기를 나누겠네

우연이 우리를 만나게 했다면
우연이 우리를 끊기도 할 것이니
우연이 우리를 다시 만나게 한다면
순해진 귀로 예전의 별명을 편히 부르세

술을 30년 묵혔다면
40년을 못 묵히겠나
지금 건배를 나누기엔
자네와 내가 너무 멀리 있다네
그러니 끊자
친구여
그때까지 꼭

그때까지 꼭

주저하는 이들에게
─20250319 광화문에서

시도 안 되고
집회도 못 나가고
일상에 발목이 잡힌 듯
이도 저도 못 하는 이여

빛의 혁명은 내일도 있을 거예요
어둠은 끝나지 않을 거거든요
당신이 어둠이었다면
빛의 길은 더 선명히 깔릴 거예요

당연히 당신은 늙고 철없는 어둠이 아니지요
따뜻한 사람은 어둠이 될 수 없어요
저 같은 영원한 미명의 습작생도
빛의 처마 밑에서 취하고 자고 싶거든요

당신의 어둠은 나의 어둠
나의 어둠은 당신의 어둠이 될 거예요 그러니
너무 밝지 않은 빛이라고 속상해 말아요

우리는 충분히 밝았었고
어둠에도 별자리의 낭만을 헤던 이들이니
잔잔한 등 아래
두근대며 끄적였던 그 연서의 오래된 빛을 꺼내
후후 불며 이 길로 살며시 발 옮겨봐요

그마저도 용기가 나지 않는다면
2층 조그마한 술집 창문 활짝 열고
불콰하게 손 흔드는 저들처럼
이 빛의 길의 가생이에서
행진하는 빛들과 눈 맞추게
그대의 온기만큼 깨금발 해봐요
노래 아는 부분이라도 어설프게 입 맞춰봐요

시인의 자리
―20250402 안국역에서

이 시국에 시인은
민중의 어디쯤 있어야 하나

민주 시민에게 화장실을 못 쓰게 한다며
연로한 건물 경비원 분에게 욕설하는
유튜버들 맨 앞에 서 있어야 하나
며칠을 밤을 새웠는지
묵묵히 자리하고 있는 키세스단
그들 뒤에서 은빛 주름들 하나하나 펴줘야 하나
유명하지 않은 시인답게
안국빌딩 후미진 곳
흡연 장소를 서성거려야 하나

한 진행 요원이 햇살처럼 모두에게 외친다

통행에 방해되지 않게
서 있지 말고 이동해 주세요

울린다, 온다

―20250404 오전 11시 22분

주문

피청구인 대통령 윤석열을 파면한다

정적과

환호성

사이

헌법재판소에서

안국역 사거리에서

개가 있는 한남동 관저에서

삼양동 깍지 낀 소파 위에서

아들에게 연락 없는 청주에서

대구가 본가인 산본동 세 모녀의 집에서

광주에서 아, 광주에서

국회의사당에서 서부지법에서

서울대에서 육군사관학교에서

열쇠전망대 망원경에서 보이던 펄럭이는 인공기에서

못 가본 오두산 통일전망대에서

시인들에게서 사기꾼에게서 정치인에게서
오줌 싸는 노인에게서
총알 막으려는 어르신에게서
무당에게서 목사에게서
키세스단에게서 펨코에게서
다 불타 버린 경상도의 산야에서
여전히 이태원에서
아직도 진도 앞바다에서
산 자에게서
죽은 자에게서
죽을 자에게서
살 사람에게서

울린다
울려 퍼진다

머지않아
성치 않은 메아리가 올 것이다

이제는
마중 나가야 한다

메아리 하나
—20250603

살아가는 사람들은
저마다의 상처를 가지고 있다
족히 삼 년은 돼 보이는
불면의 거북목을 달고서
쉰 함성을 간절하게 외쳐댔다
더 오래도 됐을 거다

드디어

울린다

소년공 때부터 울렸을까
굽은 왼팔을 감추고
과일 가게 앞에서도 서성거리다
노무현의 너른 꿈에도 다녀보다가
목에 깊은 흉터까지 새겨지고서
거 참
훌쩍거리는 아내에게

변변한 약속 한마디 못 하면서까지

어렵게도 울린다

쉰 함성과 닮아 있다
메아리는 더 힘내야 한다

2018년 4월 27일[*] 외 1편

오하나

　오랜만에 남편을 마중 나간다. 제일 좋아하는 치킨 상자를 들고 건널목 반대편에 그가 서 있다. 남편이 건너오기를 기다리며 길가 과일 좌판에서 딸기 한 팩을 산다. 그가 손을 흔들며 걸어온다. 각자 좋아하는 걸 손에 들고 걷는다. 동네 작은 언덕길을 천천히 오르며 우리는 어느새 멀리까지 가 있다. 나는 평양 근교의 산을 오른다. 같이 가자고 했는데 남편은 혼자 다녀오라며 가지 않겠다고 한다. 내가 산을 오르는 동안 남편은 개성의 맛집을 찾아간다. 시간이 너무 늦으면 평양에서 하루 자고 서울로 돌아가기로 했으니 서두르지 않아도 된다. 능선에 올라 남쪽을 향해 선다. 오래전 민통선 전망대에서 망원경으로 북쪽을 본 적이 있다. 흐릿한 풍경 속에 혹여 누군가 스치지 않을까 흔들리는 렌즈를 얼마나 뚫어져라 바라봤던가. 물결치듯 이어지는 능선이 아득해진다.

　남북 정상은 아직 회담 중인데
　꿈들이 쏟아진다 분계선 위로
　철책을 뭉개고 나아간다

누군가는 서울 지나 제주까지 갔을까
아니 제일 먼저 고향집으로 달려갔을까
그가 누구든
텔레비전을 보며
저녁을 먹으며
집으로 돌아가며
자기도 모르는 새
꿈꾸고 있다면

우리
갈라진 땅
무수한 꿈들이 벅차오르는
이 저녁 속에 함께 있다.

*   2018년 4월 27일 문재인 대통령과 김정은 국무위원장이 판문점에서 첫
      만남을 가졌다. 이날 두 정상은 새소리가 들리는 도보다리에서 대화를
      나눴다. 그리고 한반도의 평화를 위한 '판문점 선언'을 발표했다.

칠책

열쇠전망대*에서 보았다.
민가 하나 없는 땅에
겹겹이 쳐진 남방한계선 북방한계선 군사분계선 추진
철책
사계청소 대상이 된 나무 풀
경계선이 된 길 강
전투 고지가 된 산 능선
모든 지형지물이 감시받는 사이
그냥 풀 그냥 나무 그냥 강 그냥 산 그냥 길은 없고
구름도 적 바람도 적 햇볕도 적
적만 있고 사람은 없는 땅을 보았다.
그리고 보았다.
이 통제 구역을 벗어나도
끝이 보이지 않는 철책이
헌법재판소 앞까지 따라와
피켓을 들고 분노에 찬 구호를 외치는
내 또래 여자와 나 사이를
가로막고 대치시키고

적으로 만드는 것

내가 어디를 가든 어디서

자유롭게 걷고 먹고 자고 일하고

생각하든 나는 이 분계선에서 한계선에서

한 발짝도

단 한 발짝도 벗어날 수 없는

철책이 칭칭 감긴 땅에

서 있는 것 보았다.

* 경기도 연천군 민통선 안에 있는 전망대로 남북의 철책과 GP 등을 가까이서 볼 수 있다.

교동도 망향대에서 <small>외 1편</small>

한국호

내리쬐는 여름 햇살
바다 건너 연백 땅
시멘트 건물 사이 시멘트 건물
펼쳐지는 논, 산등성이, 하늘, 구름

어, 어, 사람이 있어요,
망원경을 한참 붙들던 이가 소리친다
순간 몸이 앞으로 나간다

사람이 있다는 당연한 사실에
가까워지는 마음

모랫등 건너 가장 가까이
북한 사람
자전거를 타는 사람
비를 기다리는 사람
어떤 마음으로
여기를 바라볼 것만 같은 사람

손을 흔들고 소리도 질러보고 싶다

여기 사람이 있어요

얼어붙은 시간

1

대통령 비상계엄 선포
계엄사령부 포고령 제1호 발령

헬기가 뜨고
장갑차 앞을 사람이 막아서고
군인들과 사람들이 뒤엉키고

고성
날 선 눈빛
아우성
날리는 진눈깨비

금한다. 금한다. 통제를 받는다. 금한다. 처단한다. 처단
한다.

2

탕 탕 탕
비상계엄 해제요구 결의안 통과를 알리는 의사봉 소리

헬기
장갑차
완전무장 군인
철수

하지만 아무도 그날로부터 집으로 돌아가지 못했다

총과 칼이
우리를 향하는 순간이 있다는 걸 알았으므로

2

길
안의
집

개복사나무 <small>외 4편</small>

신대철

.

비탈진 제방
돌덩이 틈 비집고
올라온 개복사나무

누운 채 휘어지며
사방으로 가지 뻗어 해마다
돌바닥 위에서 꽃 피운 개복사나무
올해는 살 길 찾으려고
뒤늦은 꽃 가지 줄기차게 솟쳐 올린다

진물 조금 흐르지만
잔털들 바지에 쓱쓱 비벼
발간 개복숭아 한 입 물어본다
깨무는 순간 시고 떫은 개복숭아
보였다 보이지 않는 개복사나무

야생에서 살아남은 이는
쓰라리게 달콤한 맛을 기억한다는데

그건 생기의 맛이었을까
몇 번 더 깊이 깨무니
잊혀진 골짜기들 돌아온다

도적굴 곰달래골 구수골 소태나무골
마주쳐도 말 건네지 못하고
쑥스럽게 웃던 이들 머뭇거리다 간다

자연의 시간 1

버스가 선다. 어느새 폐가 같은 집, 옆집 흑염소가 찻길을 돌아다닌다. 내릴까 망설이다가 산소 먼저 가려고 그대로 눌러앉는다. 운전사는 날마다 이 시간에 나들이 가는 어르신을 태우고 가겠다고 한다. 운전사가 승객을 부축하고 차에 올라온다. 아, 아버지!

언제 내려왔냐 하시면서 아버지는 옆에 앉으신다. 읍내다방에 가신다고, 스물여덟 중 셋 남았다고 하신다. 그중에서 후배 한 사람은 읍내에 나오지도 못하고, 이제 만날 수 있는 친구는 단 한 사람, 그분이 나오시든 안 나오시든 아버지는 날마다 읍내 이층다방에 나가신다.

아버지를 부축하여 나무 계단을 오르는데 중간쯤에서 아버지는 그만 가보라고 손짓하신다. 머뭇거리는 순간 젊은 아가씨가 아버지를 끌어안고 계단을 오른다. 쌍화차 향내가 꽉 차 있을 뿐, 다방엔 아무도 없다. 아버지와 나 사이에 놓인 시계추는 멎어 있다.

산소 좀 가보려고요, 하고 멋쩍게 말하면서 나는 일어선다. 길 건너편에서 다시 버스를 탄다. 칠갑산으로, 온 길 굽이굽이 돌아가는 길, 산골짜기 비탈에서 논다랑이 내려오고 물빛이 흘러내린다.

　동네 아낙들 품앗이로 김매고
　느티나무 그늘에 모여
　묵은 김치 길게 찢어 먹으며
　환하게 웃던 풍경 사라지고
　사람 하나 보이지 않는 산자락엔
　늘어지게 감이 매달려 있다.

　나는 아버지가 드나드신 산길을 따라 산소를 향해 올라
간다. 마지막 남은 그분은 다방에 나오셨을까? 무슨 이야
기를 주고받으실까? 아버지가 미리 준비하신 아버지 가
묘엔 잡풀 속에 할미꽃이 피고 있다. 언제나 인생으로 시
작하여 인생으로 끝나는 아버지 말씀도 피어오른다. 아버
지 인생에 아버지가 없는 인생, 문득 폭풍우 그치던 밤이
그립다. 자연의 시간, 그날 나는 아버지에게서 와서 아버
지에게로 돌아가 짐승같이 잠들었다.

점심골*
—자연의 시간 2

어디에 있든 청양에서 삼십 리, 일 년에 한두 번 아버지를 따라 칠갑산까지 걸었다. 낙엽송 숲속을 피해 옛 산길로 한티고개에 올랐다. 앞서간 장꾼들은 칠갑산 산등성이에 앉아 봇짐 내려놓고 지나온 길을 바람 위에 걸어놓았다. 우린 호젓한 골짜기를 타고 나지막한 호장골 산소에 올라 풀 뽑고 흙 다지고 내려왔다. 정오, 복사꽃 피고 물 휘어지는 음달뜸 건너 점심골에서 점심을 먹었다. 그날은 하루가 가장 긴 날이었다.

청양에서 동생 둘 잃고 들판으로 옮겨 다니다가 사람 사이에 발붙이지 못하고 칠갑산으로 밀려 들어왔다. 가족들 하나둘 모여 합대나뭇골에서 십여 년, 물에나무에바람에 기대어 살았다. 사람이 그리우면 밤안이 옹달샘에서 물 마시고 구를 시우정골 마티 고랑까지 돌아다녔다. 세상은 기억 속에 있었고 우리는 뜬구름처럼 가끔 있기도 했고 있지도 않았다.

어느 구름 한 점 없이 푸른 날 군청 직원이 올라왔다. 칠갑산에서 두 여인이 실종되었고 칠갑산이 간첩 루트가 되어 위험하다고. 산에서 내려가라고. 산에서 쫓겨 내려오자 점심골 아저씨가 피붙이처럼 살자고 곁을 내주었다. 그 곁에 집을 짓고 아버지는 날마다 산속으로 돌아가는 꿈을 꾸셨고 형제들은 아버지 꿈에 꿈을 대고 몽상으로 연명, 봄 가기 전 여름 보내고 가을 오기 전 겨울 보내고 산을 향해 걷고 말하고 꿈꿨지만 아버지는 꿈꾸는 길만 남긴 채 소리 없이 기도 막혀 돌아가시고 앞마당엔 끝없이 내려앉는 하얀 정적, 아버지 눈빛 잊지 않고 빈집 받쳐주는 차돌과 징검돌, 옷바시와 흰진달래와 보리수 열매와 딱새 둥지들. 형제들은 다시 흩어졌지만 산에서 함께 내려온 꾀꼬리봉은 제자리로 돌아가지 않고 금빛 지우고 파문만 물 위로 마을로 띄워 올렸다.

　가족들 마음 허공이 되고
　누군가 허공 속으로 돌 던져
　아무도 모르게 창 깨지고
　정원 함부로 파헤쳐지고
　폐가가 되어가는 집

으스름 창가에
아직 떠나지 못하는 인기척들
그 어딘가에 아버지 숨결
꿈결 흔들리는 듯

*   점성골이라고 부르기도 한다.

미곡동 1

봉긋한 둔덕
녹슨 함석지붕

쓰레기에 덮이는 합장 무덤
목만 내놓고 눈바람 맞는 참나무

길모퉁이마다 뜯어진 골목
머뭇거린 종종걸음
만득아 말순아
눈발에 걸러지지 않는 목소리

고철 뒤지던 아이들
바퀴 없는 자전거를 타고
눈발 사이를
기를 쓰고 달린다

마곡동 2

서울의 마지막 들을 보려고
옥상에 올랐다.

미나리꽝은 매몰,
유수지엔 철새들,

유수지는 푸른 호수로
벼는 화려한 꽃으로
밭고랑은 정원길로 바뀔까?

별꽃, 번개꽃, 싸락눈꽃, 물방울꽃

삐이 하는 새소리 같은 풀꽃에
발길 반짝이던 꼬마 아이는 무엇을 보게 될까?
그 아이 보려고 논둑에 나온 이들은
온실에서 낯선 식물 이름을 들여다보고 있겠지?

온통 파헤쳐진 들 앞에서

주민들은 조금씩 구석으로 물러나고
장끼는 매일 흙더미에 올라와 컹컹
인간을 향해 울부짖었다.

울타리 <small>외 1편</small>

김일영

옥수숫대 잘 엮어 만든 울타리 안에
여린 영혼 하나
숨기고 살았다

마당에 퍼석한 먼지 속에서
살을 파고드는 한기 속에서
잡초처럼 살았다

어느 한 날
옆구리 터진 울타리에
바람과 새들이 드나들고

뻥 뚫린 구멍 안팎으로
백화등 바람개비꽃들이
울타리에 터 잡은 거미 마을의 거미들이
호기심의 눈초리를 들여보낸다

울타리 안에서

울타리 밖을 궁금해하지 않는
한 생을 살려고 했는데

구멍 밖에는 위험한 짐승들이 서성이고
만양晚陽따라 들어온 날벌레들까지 수런대며
울타리 안을 날아다닌다

춘백

작은 화분에 심겨져 홀로
외로이 서 있는 자신을 발견하였다
북방한계선을 넘어온 지 십수 년
뒤틀리는 몸뚱이를 끌어안으며
울며 또 울었다

여전히 비 내리는 새벽녘
춘백은 굳었던 관절이 풀리고 있다는 것을 알았다
도움의 손길도 광야도 아닌
관절이 풀리는 것이 제소리 없는
몸부림이란 것을 몰랐다

산다는 것은 굳어가는 관절을 홀로 풀어내며
살아내야 한다는 것을 몰랐다

여밥 외 9편

손필영

까맣게 타버렸는데
마을이라니요? 누가 사나요?
저 멀리 해오라기가 햇빛 찰랑이는 그림자를 쪼고 있는
데

주인 없는 바람이 깃들 데를 찾아 흐르다가
연잎 속에 이슬 덩어리를 숨겨 놓았다더군요.

송송 구멍에 들어앉은
뿌리도 잎도 속삭이며 마을을 꿈꾼다네요.

칠면초

붉은 바다, 하늘, 칠면초*

황바리, 능쟁이, 갯망둥어가 칠면초에 기대어 논다
발소리를 내면 한꺼번에 쪼르륵
칠면초 갯구멍으로 들어가 버리는 능쟁이를 놀리며 논
다

해질녁 노을이 바람보다 시원하다.

---

* 개펄에 무리지어 자라는 명아주과의 풀. 처음에는 녹색이었다가 나중에
 는 칠면조의 얼굴처럼 붉게 변한다 하여 칠면초라 이름 지어졌다. 칠면
 초와 같은 염생식물들이 생육하는 연안습지는 바다의 탄소를 흡수하는
 블루카본이다.

긴 안의 집
—마사토 골목 1

우리 집보다 아래에 있는 옥분이네 집은
마당에서 하늘이 보이지 않았다
시멘트 마당이지만 무엇을 덮었는지
집 안은 언제나 컴컴했다
그 집에는 여자들만 살았다
언니들 옥분이 엄마
어느 날 옥분이 엄마는 작은언니 머리를 빡빡 깎았다
학생이 남자 친구를 만난다고
옥분이 엄마는 체구가 작고 명랑한 분이셨는데

어느 날 옥분이네 집이 사라졌다
초봄 사업으로 도로를 깐다고
두부 뜨듯이 그 집만 달랑 파내 들어내 버렸다
우리는 작별이라는 추억도 갖지 못했다
낙산 자락 뒤편 한 기슭에서

골목에서 나올수록 집들은 커졌는데
사람들이 그림처럼 서 있다가 사라졌다

그 아랫집 언덕을 파서 만든 차고에서 추운 날 아침에
젊은 기사가 죽었다
  하얀 천을 씌우고 사람들이 모여 있었으나 이내 아무 흔
적도 없었다
  낙산 자락 뒤편 한 기슭에서

  여덟 살 섣달 그믐날
  우리는 볼을 에는 바람에 안겨 그 동네로 들어갔다.
  냉기 가득한 방에서 처음 들은 것은 주인집 딸이 자살한
방이라는 것.
  언덕을 오르는 소리, 후다닥 내려가는 소리가 밤늦도록
났다
  마당에 서면 건너편 개운산에 누런 건물과 마주쳤다
  나중에 알았지만 아버지는 그 아래에서 화엄경을 번역
하고 계셨다
  어디 멀리 가신 줄 알았는데
  아버지 없이 우리는 길 안에서 살았다.
  낙산 자락 뒤편 기슭에서

같은 길도 다르게 걷는 사람들,

비탈진 채로 밟으면 부서져 내리는 흙바닥.

민둥산에 오르는 샘
—마사토 골목 2

왕모래가 구르던 민둥산
넘어지면 피가 나서 조심조심 올라가도 늘 넘어졌다
약하게 솟아오르는 샘물로 피를 닦고 꼭대기에 앉아 바
람을 맞았던가

백악에서 삼선교를 지나 흐르는 성북천은 언제나 구정
물
천변에 서커스단이 온 공연 날은 낮부터 아이들이 뛰어
다녔다
민둥산도 전쟁 전에는 나무가 있었으리

그날 밤 별은 새벽이 지나도록 총총했을까?
삼선교 동산*에서 마지막 잔치
샘이 있어 그날 밤이 더욱 흥성스러웠다고
며칠 후 북경으로 떠나는 육사의 그림자를
누구도 알지 못하고 그날을 작별했으리

대구에서 올라와 개운산 뒤편에 집을 정한

그는 딸을 옥비**라고 불렀다

가을 어머니와 형님 소상에 들어왔다 붙잡혀 중국으로 압송,

좁고 숨막히는 지하 감방에서 광야를 보았던 그,

그의 마지막 입술이 담긴 잔은 삼선교 동산 샘에서 부셔졌으리,

개천이 성북천으로 다시 반짝이고

낙산 그늘은 평지인 듯 아파트로 올라서서

북악과 마주한다

산이 있었는지 샘이 있었는지

왕모래 민둥산처럼

나무와 풀과 샘이 있던 동산의 그도

바람에 깎여 흩어졌다.

이름만 남은 동네처럼.

*   이육사가 1943년에 쓴 「만등동산」은 삼선교의 동산을 배경으로 한다.

　　　늦게 동산에 올라

　　　샘 돌 있는 곳에 거처 점하여
　　　한양에 같이 살아감을 즐거워했었네
　　　잔 들어 담대함을 자랑하고
　　　높은 데 올라 해 깊음 한하였네
　　　산은 깊어 새소리 차갑고
　　　시를 이룸에 밤빛 푸르러라
　　　돌아가는 배 어찌 서둘리오
　　　별과 달이 하늘에 가득하다

　　　　　　　　〈석초, 여천, 춘파, 동계, 민수와 함께 읊다〉(해설: 김명균, 사빈서원)

**   이육사 형제는 어머니 환갑 때 가난하지 못해 죄송하다고 말했다. 실
　　　제로 가난했지만 현실적 가치에서 완전히 거리를 두고 살지 못해서 그
　　　런 말을 했을 것이다. 그래서 딸의 이름을 '옥비沃非'라고 '기름지지 말
　　　라'(현실적으로 안주하지 말라는 뜻으로 보고 싶다)고 지은 것 같다.

탑골슈바* 우물
—마사토 골목 3

골목 밖에서 지붕 밑을 어둡게 들어가
골목을 돌고 돌면 우물, 빼곡한 집들에 둘러싸인 절집
동대문 밖 낙산에 기댄 소문을 뚜껑 덮인 우물에서 길어
낸다

동대문에서 동소문 올라가는 성벽 길, 낙산
서울에서 제일 먼저 해가 뜨는 곳
가난한 순이**가 다니던 봉제 공장은 백 년 동안
동대문으로 나갈 이불과 옷을 만든다.

낙산 흙바람에 몰리던 엄마는 단옷날이 되면
아이를 데리고 정릉계곡 물에 머릴 감았으리
돌아올 때면 동소문 신흥사에 엎드려 아이의 건강도 빌
었으리

그 아이는 임화
영화배우였던 그의 얼굴이 짓이겨진*** 채 우물이 있는
탑골 작은 미타사 승방에 누웠었다고.

184

어릴 때 들었던 쉿쉿 어두운 소리의 실재

지금은 아파트가 올라서서 숨은 우물,
방향 없이 불어대는 흙바람이 아이들을 휩싸고 흐르리.

*   고려 시대 창건된 낙산 뒤의 보문사와 미타사가 있는 거리. 고려 시대의
      탑이 있다.
**   임화의 시 「우리 옵바와 화로」, 「네거리의 순이」의 주인공 이름. 임화는
      낙산(동숭동)에서 태어나서 성장했다. 탑골승방 골목에 우물이 있었고
      임화가 지냈던 미타사가 있다.
*** 일제의 카프 탄압으로 인한 구금과 고문에 의해.

포도원 언덕
—마사토 골목 4

토요일 학교 끝나고
연지동에서 물길을 거스르면
동소문으로 오르는 포도원 언덕이 있었다
성당 옆에
황수건이가 이태준*에게 주려고 포도를 땄던
그 포도원? 달밤은 교교해
걸을수록 술렁이며 살아나는 그 언덕

포도원 언덕을 지나면 삼선교
전차 정거장에 엄마 마중** 나온 아이도 보인다
해는 지고 바람은 부는데 코가 빨간 아이,
전차가 올 때마다 달려 나가는 아이,
절벽 밑에 사는 미란이는 엄마가 없다
산동네에서 오빠네랑 사는 장이 친구,
둘은 언제나 산그림자를 쓰고 얘기한다.
　성북천 물길이 구정물로 흐르는 삼선교 시장을 오르내
리면서

성당 안으로 들어가 언덕을 오르면서

8월 햇살 쓴 담을 친 포도원을 들여다본다.

포도알은 철철 차오르고

전차선로 지우고 땅 밑에 들어선 전철처럼

복개된 물길은

황수건이와 아이가 흘렸던 극진함으로

아직도 흐르고 있을까?

*   이태준 소설 「달밤」에 나오는 이야기, 1933년에 그가 철원에서 뜯어 온
      집으로 지은 수연산방은 아직도 성북동 그 자리에 있다. 다만 집 앞의 개
      울은 복개되어 보이지 않는다.

**   이태준의 동화 『엄마 마중』에 나오는 이야기.

북정동* 우물
—마사토 골목 5

정말 호랑이가 나왔을까? 그가 걸었던 곳곳에.

안암동 개운산에서 활달하게 물을 건너 낙산 뒷자락을
타고 올라 성벽을 따라가면 북정동, 그는 언제나 산길을
걸었으리

얼음 녹지 않은 설악산에서 발 찧으며 내려와 블라디보
스토크를 향했던 걸음

밀정으로 오해받아 언 바다 밑에 갇혀 죽을 고비 넘기고

세계로 내딛었던 마음 털고 돌아왔던 걸음**

자신을 부숴 발끝에 이슬 안개 맺었으리

아무것도 없이

창덕궁 옆에서 중앙고보를 따라 언덕을 올라 석문을 통
과하면 그의 집.

소를 찾던 심우장은 개운산 보타사*** 강원講院같이 일
자로 서서 북악을 바라본다.

아무것도 없이

언덕 아래에서 우물을 길어 그의 아내는 새벽밥을 짓고

188

찻물을 끓였으리

    나는 물길을 거슬러 올라 좁고 가파른 골목을 몸 구부려 올라 문 닫힌 그의 집 주위를 서성거렸었다. 지금은 그의 집으로 들어가 마루에 걸터앉기도 하지만 오랫동안 그의 집 문은 닫혀 있었다.

    소를 찾으러 새벽 면벽을 하는 그가

    따뜻한 볕을 쬐며 유마경을 읽는 그가

    떨어지는 꽃잎에, 산 넘어오는 꾸꿍이 소리에 기울어지는 그가

    다가오지 않았다.

    내 아버지는 그의 제삿날이 되면 꽃다발을 들고 으레 망우리로 그를 찾아갔다.

    그는 우리에게 무엇이었을까?

    그는 오직 잃은 소를 찾기 위해 밥을 먹고 잠을 잤던가?

    그도 갈수록 무너져 내리는 마사토 비탈의 주민이었을까?

언덕 아래 개울물을 건너면 곱게 볕바른 집들

마를 삶고 빨아 널어놓은 마전터를 휘돌아

콸콸 흐르는 물길은

산길로만 달렸던 발걸음에 묻혀

성북천을 지나 청계천을 따라 한강으로 흐른다.

*   성북동 성벽 밑의 마을, 만해의 심우장(소를 찾는 곳) 뒷편부터 아래까
     지 이름.
**   3·1운동 후 공판 기록에서.
*** 고려대학교 뒤 개운산에 근세 한국 불교의 3대 강백(경론을 강의하는 승
     려)이며 불교계의 혁신을 주도한 큰 인물인 석전 박헌영 스님이 계셨던
     곳. 석전은 한용운에게 많은 영향을 주었다. 한용운은 석전을 통해 오세
     창을 알게 되었고 〈근역서화〉를 보고 미적 안목도 갖게 되었다. 심우장
     현판은 오세창의 글씨이다.

날아간 비둘기
―마사토 골목 6

넓은 마당은 마을버스 종점, 아파트를 나서면,
백악 능선길, 스카이웨이,
서울 시내가 한눈에 내려다보인다.
백악 능선에서 성벽까지 계곡이 성북동.

성북동 양지에
나무를 베고 집들이 들어섰다.
산을 파고 터널을 뚫어서
스카이웨이가 동대문 안으로 들어가는 동안
원래 살던 비둘기는 날아갔다.
꿩의 바다는 이름으로 남아
꿩 울음소리 따라 울렸던 물소리도 사라졌다.

두만강 변 경성에서,
한성부에서 경성으로 내려와
동소문 언덕을 넘나들며 김광섭은
무슨 생각을 했을까?
눈이 순한 비둘기가

쫓기는 새가 되는 동안.

산처럼 한 기슭에

두 계절을 데리고 살고 싶었을까?

날아간 비둘기들은 동소문 안 고가도로 밑에 모여 살다
가

혜화동 로터리 분수대 물줄기를 돌며 날기도 했다

동숭동 물길이 덮이고 마로니에 공원이 들어서자

아이들 과자 먹으러 날아가기도 했다.

고가도로는 철거되었고,

공원에 자리를 잡았지만 날기를 잃어버린

비둘기들은 길가에서 피를 흘린다.

백악 능선이 내려와

불타는 노을 속으로 사라지는 형상들을 잠시 감싼다.

마사토 방우산장
—마사토 골목 7

어렸을때는 첨벙거리며 거슬러 올랐던 성북천
언제인지부터 복개된 성북천은 도로가 되었다
한옥 문살 조형물, 조지훈이
풀잎단장을 쓴 방우산장이라고.
천이 흐르던 시절에는
다리로 물길을 건너야 했을 개량 한옥집, 방우산장
그가 머무는 곳곳은 방우산장
그의 소는 날아간 새를 따라 저 바닥 아래 묻혔을까.

내 아버지의 고향, 영양 일월산은
세 갈래 물줄기를 흘렸다.
한 줄기, 주실 조씨 마을.
산에서 태어났다는 조지훈과 그의 아버지의 계곡이다
이 줄기는 새를 날리는 숲이 되었다.
또 한 줄기, 구세군 장군,
어릴 적부터 대장이라 불렸던 가톨릭으로 치면
대주교쯤 되는 정령이 태어난 맑고 깊은 계곡이다.
또 한 줄기, 돌투성이 계곡에는

평해에서 도망 온 한약사 우리 할아버지가 터 잡고
선유암에서 독립운동을 했다고 하지만 그림자처럼 흔
적 없다.
지금은 외지인 둥글레밭, 폐가 뒤엔 붉은 작약 한 주.

해와 달이 뜨는 일월산은 혼을 두드리는 문
성북구 백악 능선 물줄기를 타고 태어난 나는
삼선교를 따라 성북천 물길을 첨벙거리며
가깝고도 멀었던 방우산장을 오르려고 애썼다.

등기 없는 집들이 기댄 성벽에 난 석문
동소문에서 나갈 수 없는 석문

날려도 날려도 돌아오는 새
손끝에 부서져 내리는 일월산 황씨부인이 떠오른다.

코로나 19와 실시간

벚꽃잎이 춘향이처럼 눈앞에 어른거리는 하루,
봄밤 이몽룡도 아닌데, 봄을 처음 맞는 듯
잠 못 들어 한밤중에 컴퓨터를 켰다.

학생들을
소모임으로 나누어 실시간 수업을 해야 한다.
연습이라고 제목을 붙이고 컴퓨터를 열고 줌을 켰다.
아무도 없을 줄 알았는데 한 학생이 들어와 나를 보고
있다.
동영상 화면에는
잠옷을 입고 머리에 띠를 둘러 숨은 흰머리가 가득 올라
온 내가 보인다.
죄송하다면서 그 학생은 노란 머리 정수리만 보여준다
그녀는 같은 공간에 사는 사람처럼
새벽 3시에 불쑥 내 앞으로 들어왔다.
괜찮다는 말을 남기며 서둘러 커서를 움직였다. 어둠.

입김으로 스며든 바이러스 타고

올 것을 알았는지 컴퓨터는 매일 태어나 말을 걸고
코로나는 컴퓨터의 비밀 쌍둥이처럼 번쩍인다.

노란 머리와 하얀 꽃잎에 가슴이 얼얼하다.

박산골 외 7편

조재형

지리산을 넘어서도 지리산을 떠나지 못하고 마을과 마을을 떠돌다가 홀린 듯 들어온 박산골, 죽어도 죽은 것 같지 않고 살아도 사는 것 같지 않다는 그 박산골

물줄기를 타고 오르는 골짝은 가시덩굴로 뒤엉켜 있다. 덩굴을 헤치면 총탄 자국 그대로 남아 골짝을 뒤흔드는 총성, 첫돌도 돌아오지 않은 갓난아이들은 엄마 등에 업힌 채 죽었다

타 들어오는 시신 더미 속에서 살아 나온 사람은 말을 잃고 마을을 떠났다

울음소리
비명소리

총성 속에 그대로 묻혀 있는 박산골

덕유평전에서

원추리 노란 물결에 물들어 오르는 대간길
덕유평전에 이르러 새 울음소리에 걸음을 멈춘다
원추리 군락과 군락 사이 간밤 폭풍우에 잎 떨군
앙상한 어린 나뭇가지 끝에서
건너 산도 옆 봉우리도 아닌
하늘을 향해 절규하듯 울어대는 새는
간밤 폭풍우가 몰아치는 동안
무슨 일이 있었던 것일까
갈 길 놓치고 새 생각에 잠겨 있는 사이
불현듯 인적 없는 능선길
홀로 올라오는 그대

"우연도 이런 우연은"

  그대를 처음 만났던 선인봉 측면 길 테라스에서 육포를
겸연쩍게 되돌려 주고, 겸연쩍게 되돌려 받는 나에게 출
가한 사람이라고, 통일을 염원하면서 백두대간을 타기 위
해 등산을 배우러 왔다던 그대, 지리산을 품고 와 덕유평

198

전에 풀어놓는군요. 시리고 아픈 이름 부를 때마다 원추
리 샛노래지고 새는 절규하듯 울어대는군요.

　먹구름이 몰려오고 있습니다. 서둘러야겠습니다. 향적
봉 산장에서 하룻밤 쉬었다 가시지요. 저는 오늘 중으로
빼재로 내려가야 합니다. 향로봉 철책를 거두는 날 금강
산 비로봉을 들리셨다가 내려오시면 온정령 어디쯤에서
다시 만나뵙고 싶습니다

　그대 홀로 가는 대간길
　우연이 어디 있으리
　어느 누구를 만나도
　백두로 가는 길은
　한 길을 가는 필연인 것을

수리취[*]

   벽파령을 넘어 마항치, 살짝 삐뚤어진 이정표가 하늘을 가리키며 낯설게 하고 오솔길은 잠시 이어졌다 잡목 숲으로 사라집니다. 알 수 없는 힘에 이끌리어 밤안개로 오르는 산, 두려움보다 앞서 산속을 떠돌게 하는 것은 무엇일까? 산속에 홀로 들어와 버릴 것 다 버리면 산의 일부가 될 수가 있을까? 잡목 숲을 빠져나오자 겨우살이에게 제 수액을 내어주는 신갈나무가 초원으로 길을 냅니다

   곰취, 마타리, 쑥방망이, 둥근이질풀

   발길을 옮길 때마다
   꾹꾹 찌르는 수리취

---

[*]   엉거시과의 다년초.

상금정 할아버지

빈집을 끼고 폐광으로 가는 길
모퉁이 어느 주막에서 광부의 노랫소리,
돌아보면 협곡을 휘도는 바람이
빈집 쪽문을 들락날락하고
폐광에서 흘러나오는 녹물이
버려진 길로 스며드는 상금정

공사판 막일로 떠돌다가 금정광업소 막장일을 찾아 낙
엽송 금띠 두른 협곡에 허름한 집 한 채 세워두고 갱도를
오르내리시던 할아버지, 갱도가 막히고 사람들 하나 둘
떠날 때 갱목 더미에 허리를 다치고 이제는 당귀나 천궁
을 손질하시는 할아버지,

당귀는 마르지도 않은 채 빚으로 나가고
나머지 천궁이 빚으로 나가도
몇 해를 더 빚을 안고 살아가야 한다는
할아버지의 기침 소리
폐광촌을 휘돌아 나갈 때마다

협곡을 물들이는 노란 산국

무인도에서

무인도 말매미 울음소리
새들을 불러들이고
그 새에 묻어 들어온
도라지, 더덕 땅속 깊이 뿌리를 내리고
꽃 피울 때
사람 하나
무인도에서 무인도로 떠돌다
무인도로 들어와
수평선으로 담을 두르네

휘감기는 노을

내성천 1
―회룡포에서

개포, 용궁을 돌아도
회룡포로 들어가는 길은 보이지 않고
고추잠자리 떼 맴도는
내성천 둑길을 헤매다가
물안개에 휩싸인다

물총새 울음소리
수크령 흔들자
물안개 뜨고
막– 피어나는 회룡포

물길 휘어 돌수록
흰 모래톱 넓어지고
내성천이 깊어진다

구멍 숭숭 뚫린 아르방다리
가만히 들여다본다

물살에 깎이어 흐르는 흰모래 사이
피라미 떼 쫓아가는 아이들이 보이고
고무신 띄워놓고 물장구치는
아이들이 보인다

아르방다리 출렁거린다

내성천 2
—평은 0시 0분

버스는 오지 않는다
평은 7시

정류소 안 작은 전시관,
수구리댁 할머니 평은우체국에 초점을 맞추고
보름골댁 할머니 언덕길 너머 불로산을 바라보고 있다
수도댁 할아버지 하얀 무 뽑아 든 할머니 미소에 초점을
맞추고
명잣댁 할아버지 거실 사진 속으로 스며든다
전답댁 할머니 예쁜 화분 하나 돌담 밑에 놓고
원구댁 할머니 빈 휠체어 매화나무 앞에 놓여 있다
미동댁 할머니 버려진 고양이 돌보고
이산댁 할머니 감나무 꼭대기 달랑 남은 까치밥 하나에
매달려 있다

색바랜 버스정류장
영주 11시

평은로 525번길

평은식당 폐업

옆집 타다 남은 연탄재

구들장 온기 식기 전에 떠났으리

옆집 대문 떨어지고

금 간 벽 기어오르다 말라죽은 환삼덩굴,

앞집 툇마루 추녀 밑 옥수수씨 걸어두고

집은 비어 있다

옆집 수정식당 문을 닫고

옆에 평은우체국

맞은편 정류장

버스는 오지 않는다

영주 13시 20분

무너지는 산,

쌓이는 모래,

덤프트럭,

굴착기,
할퀴고 파헤쳐진 내성천
어둠이 내리는 비단여울로 휘돌아 흐른다

버스는 오지 않는다
영주 18시 5분

평은리 525번길
남은 집 불빛 하나로도 골목이 환한데
시린 겨울비 사선을 긋는다

막차는 기다리지 않는다
평은 0시 0분

제비

제비가 돌아왔다.

늘 한 쌍만 들어오던 제비가 올봄에는 두 쌍이 들어와 한 쌍은 대청 처마 밑에 한 쌍은 광에 둥지를 지었다 제비들은 다섯 마리씩 새끼를 쳐서 사이좋은 이웃이 되었고 성조가 된 제비들은 동네 이곳저곳을 날아다니다 집집으로 이어진 전깃줄에 나란히 앉아 날개를 손질하며 그 멀다는 강남으로 떠날 준비를 하고 있었다 이때쯤 헤아릴 수도 없이 줄줄이 앉아 있던 제비는 몇 마리밖에 보이지 않았다 그때서야 우리 동네가 비워지고 있다는 것을 알았다 윗말, 아랫마을 빈집이 늘어가고 끝끝내 서울행을 마다하시던 옆집 할머니는 암으로 집을 비우셨다 쉴 새 없이 먹이를 물어 오는 제비를 보시며 당신이 살아온 삶이 꼭 제비 같다 하시던 할머니, 싸리문 닫기 전 제비를 세어 보시고 행여 한 마리라도 안 보이는 날이면 "그 집에 제비 한 마리 더 들지 않았나" 물으시며 제비를 찾으시던 할머니 서울에서 아이들이 올 때쯤이면 붉게 익을 거라며 애지중지 가꾸시던 토마토밭은 개망초가 맨 먼저 자리를 잡

앉고 물 길러 오시던 길은 잡초로 덮여 보이지 않았다

제비는 빈집에 집을 짓지 않는다
바람의 방향이 바뀌고 있다
제비가 떠나는 강남 쪽을 바라보며 옷깃을 여민다

악성 댓글 같은 <small>외 5편</small>

이성일

미친 채광과
반지하 사이를
오르내렸다

산도 아니고
바다도 아닌데
종일 오르내리다
옥탑방을 계약하고

돌아와 그렇게 또
몇 며칠 통장 잔고와
대출 한도 사이를
오르내린다

숨만 쉬어도 빠져나가는
통장 잔고에 잠깐
봄바람 스치듯 어쩌다 잠깐
스쳐가는 급여를 생각하면

반지하가 맞는데

지하에 반쯤 묻혀
너의 뿌리가 건강하게
자리 잡을 때까지
견디는 게 맞는데

빚을 더 내서라도
미친 채광에 미련을 두는 것은
빛을 주려고, 어둠이 더
어둡게 키운 너를 빛 가운데 두려고

댓글처럼 달리는 은행 이자에
보이지 않는 손들의 악성 댓글에
답글을 쓴다, 답글 같은
시를 쓴다.

혓바늘

혓바닥을 씹는다
피곤한 날이 많을수록
자주 씹는다

입안의 혀처럼
마음 먹은 대로
굴러가지 않는 삶

누구에겐가 붙어
제 것인 양 먹고
제 것인 양 뱉고

제 것인 양 말하다
아닌 양 삼킨다
아닌 양 삼키다
물컹, 씹는다

혓바늘 돋는다

개구리, 날나

삶이 없는 자 노래 부를 삶도
없다는 노래,

불광동 먹자골목이
핏대를 세웠다.
어깨를 툭
치고 가는 노래,

잔 근육이
몸부림 같았다.

부풀다 오그라든
울음주머니마냥
얼어붙은 땅바닥에
쪼그라든 그림자

들썩이고 있었다,
별똥지기 무논에 물방울 튀듯

희부연 밤하늘 쥐락펴락하면서

일렁이고 있었다,
옷깃에 묻은 잔설
툭툭 털어
별빛 한 줌 뿌리고
독박골 산꼭대기로
멀어지던 노래,

따라 부르다 꿈틀
나도 모르게 겨울잠에서
깨어나고 있었다.

까마귀

불길한 벨 소리
차분한 절규
몇 달 전 죽은
친구의 부고

벽에 똥칠할 때까지
살아남자고, 좋은 시
쓰자고 울부짖던 친구가

죽었다, 슬프지 않았다
햇볕이 작열하던
그 봄 선자령에서
탄내가 난다고

중력을 벗으려고
창공을 선회하던
까마귀의 날개가
타는 냄새가

온 산을 진동한다고

사랑을 모르던 내게
사랑은 저런 거라고
불같이 화를 내던

까마귀, 불같은 사랑에
타버린 시간들이
꿈틀거렸다, 시간처럼
나에게서 흘러 나간 모든 물줄기를
거슬러 오르던 선자령

아프지 않았다, 다시는 내가
나에게로 돌아갈 수 없었던
봄날이었다.

위herehamo

삼척시 외각
후진 포구로 향하는
얕은 언덕길

바다는 모두
신축 아파트
지반공사 축대에
막혀 있었다

바다로 가는
샛길을 찾으려고
막다른 골목에서
막다른 길로 헤맬 때

추리닝에 슬리퍼를 끌고
숨어 있는 언덕길을
가쁜하게 올라가는
상고머리 아이와 마주쳤다

길이 있냐고 물어보려다
축대 틈에 핀 민들레 씨앗은
왜 꺾어 부냐고 물어보았다

바람이 터트리고
바람에 퍼질 텐데
아파트 단지에 갇혀
답답해 보인다며
민들레 씨앗 같은
동그란 머리를
쓸어내리고 있었다

머릿속에 박힌
빼곡한 잡념들이
민들레 풀씨보다 먼저
흔들리고 있었다

뜨겁지 않다면, 빛은

한 사내가
얼음을 깨고 있다

산길로 이어진 계단에서
망치로 쾅쾅
얼음을 깨고 있다

얼음은 모두
낯선 발자국

지난여름
골목인지 계곡인지
발목을 잡아채던
폭우에 휩쓸려 간
발자국들

지하든 반지하든
숨만 쉴 수 있으면 살아보려고

주저앉은 지붕 이고 산길 내려간
이웃들일까?

젖은 몸, 젖은 줄도 모르고 살다가
찬바람 스치면 얼어붙는
마음 몇 조각 녹여보려고
양지 바른 산길 오르내리던?

쌓인 눈 치우기 전
얼음발자국 위로
누가 또 지나가는지
밤새 굴러 내리는
눈 눈 눈덩이를

망치로 깨고 있다
사방으로 튀는 빛
뜨겁다, 손등에
얼굴에 녹는 빛

뜨겁지 않다면, 빛은

어디서 오는지 모르는

얼음발자국일 뿐이라는 듯

은하 외 4편

최수현

벌교역 철길 옆 둔덕
풀잎 스치며 걸어갔다
한 줄 흰 길에
동네 언니, 언니, 이모들
광속열차가 지나갔던가
궤적에 감겨
검은 산들 사이로 빨려 들어갔다
온 밤을 채우는 물소리,
포르테,
물소리 팽팽히 당겨 튕기는
풀벌레 소리
엄지발 끝부터 정수리까지 차가웠다
언니, 언니, 동네 이모들
지상의 목소리들 은하로 흘렀다
눈부신 살결, 빛 무늬로 흐르는

자작나무 2

나를 끌고 갈 거대한 구름도 꿈도 유리창에서 사라지고
고3 교실이 갑자기 지상에서 아득하게 느껴졌을 때
운동장 구석으로 나왔다.
나를 텅 비워 맞이하는 운동장,
웬일인지 그날 종포 바다에서 오는 바람은 제일 높은 나
무로만 불었다.
초록 잎 팔랑이는 나뭇가지 끝으로 손가락 프레임을 대
었다.
고인 혼돈에서 솟는 형상이 빠르게 선을 그리고
초점이 잡히는 곳에
빛이 한꺼번에 쏟아져, 터지는,
심연을 차고 올라 퍼지는 힘이 무한히 아름답다고 생각
했다, 나는
그렇게 생생하게 살고 싶었다.

하얀 수피를 문지르자 손가락 끝에 아리게 묻어나는 소
금 결정

바다

그 여름의 바다에 가고 싶었지
내가 도착한 바다는 어디?

수평선도 보이지 않는데
넘고 넘으려고
몸부림쳐 튀는 마른 물고기

얼씬

지하철 한 칸에
쪼르르 앉아 있다
열두 사람

무릎 모으고
손 허벅지에 올리고
고개 들고
눈 똑바로 뜨고
정신 차리고!

의자 줄 끝에서 끝으로 신나게 오가는 십장, 완장

ㅎㅎㅎㅇㅇㅇ윽
열심히 열한 사람 입가에 걸리는 사슬

어이, 정 씨, 당신도 앉아서 가라고!
지나가던 광인이 완장을 툭 친다.

얼굴

얼굴을 가지고 싶어요.
올려다보는 얼굴
올려다보며 수면에서 떠오르는 얼굴

나는 지워졌죠
이곳의 주인이 누구인가 생각해 봐요
그럴 때 희미한 윤곽이
내 얼굴이 생기는 걸 느낄 수 있어요

눈빛이 돌기 시작하죠
빛과 바람에 끊임없이 흔들리는 봄나무
4월의 초록 잎들을 볼 수 있어요

나도 반응하고 싶네요
흔들리고 싶네요
나뭇잎의 목소리로 나직이 노래 부르고 싶네요

힘이 힘을 누르는 여기

힘이 힘으로 교체되는 여기
힘에만 반응하는 눈들의 굴림 소리 요란한 여길 떠나
회색의 건물을 나와
가고 싶네요

내 얼굴로

니시와세다 언덕에서 외 4편

이승규

눈이 될까 비가 될까 망설이는 구름

이윽고 그가 강을 건너 여대 앞을 서성인다, 오래 좋아하던 친구 여동생을 뒤따라 도쿄행, 진학을 구실로 다니던 예비학교 중단, 기웃대던 연극연구소도 중단

다시 강을 건너 혼자 하숙집 골목에 들어선다, 말린 생선 굽는 냄새, 간장 졸이는 냄새, 집들 사이 신사 지나 소학교 빈 운동장에서 그는 완전히 어두워진다

속살거리듯 흩날리며
뜨거운 이마를 조금씩 조금씩 식혀 주는 비

시인이 되기 전의 김수영

강물이 되기 전에 반짝이는
빗방울 빗방울

김중업 (1922~1988)

그를 잘 모른다
그가 말을 건다

예술은 없는 것을 향하는 거라고
없는 것을 있던 것과 어울리게 해
또 다른 없는 걸 꿈꾸는 거라고

그런 그를 금정산에서 만난다
산기슭 보이지 않는 바다로 열린 복도
강의실도 연구실도 아닌 허공이 주인인 부산대 본관
높다란 의자에 젊은이가 먼 하늘을 바라게 하는 벼랑
밖에서 보면 눈부시게 하얀 ㄱ 자
막 솟아오르려는 거대한 창틀

뜻밖의 시간에도 그를 마주친다
관악산 줄기가 흐르다 고인 양지바른 절터
박물관이 된 유유제약 연구동
외벽 밖에서 지탱하는 거미 다리 같은 기둥들

단단하고 따스한 내부 계단과 난간, 몸에 딱 맞는 방들
산바람과 시냇물 소리 넘실대는 집

*

평양, 요코하마, 파리, 뉴욕을 거쳐
그가 추방됐던 서울에 돌아와 세운
살아 휘도는 옥상과 벽

아기들의 숨결을 품었던 집
광희문 끊어진 성벽 언덕 모서리
층층이 둥근 테라스에 탯줄로 이어진 계단실
아기야말로 우주의 일부, 신비의 증거라고 말하던
아담한 4층 건물, 서산부인과의원

양옆 빼곡히 들어찬 상가 건물
그 너머엔 분주한 밀리오레와 DDP
의원은 회사로 바뀌었고

노출콘크리트 표면에 허연 페인트가
맥박 뛰지 않는 정수리에까지
덮여 있다

*

전쟁 뒤 폐허에 일어선 기둥
춤추는 직선과 곡선 지붕 아래
스르르 비었다 차오르는 햇살
산 능선 끌어와 슬쩍 어깨에 두르는 집

집이 꿈꾼다 말한다 날아오른다

'건축은 인간에의 찬가
자연에 바치는 시'

대문을 나선 그가 흘깃 뒤돌아보고
길 밖 사람 속으로 사라진다

김종팔 선생님

아산병원 암병동
뼈만 있는 남자가 상체를 일으키고 있었다
문병 간 우리의 칠 년 전 학급과 번호를 맞췄다
웃으려는 표정에 숨이 찼다

경찰서 다녀온 학생들이 교단에 불려 나갔다
학생에게 몽둥이를 들려준 그분이 칠판에 마주 서며
당신을 힘껏 내리치지 않으면 용서치 않겠다고 했다
긴장된 침묵 끝, 한 명이 울음을 터뜨렸다

그분은 강요하거나 위협하지 않았다
학생들 얘기를 끝까지 들어주었다
교사들과 깊이 대화하는 모습이 목격됐다
학교가 조금씩 바뀌는 것 같았다

가을에 급우들과 수유동 선생님 집에 몰려갔다
종점 호프집에서 생맥주 두 잔씩을 비웠다
선생님은 나를 보며 무슨 말 하려다 말고

이과생이 왜 시인이 되려 하냐고 웃었다

그해 봄 동두천에서 온 기술 선생님
부스스한 반곱슬 머리, 검은 광대뼈
당신을 소개한다며 커다랗게 칠판에
똥파리 그리던 김종팔 선생님

비둘기낭폭포

사랑이 지나가고 뭐가 남을까
그리움이 지나가고 뭐가 남을까

한탄강
절리 아래 숨은
연초록 담^{潭}

그대가 울면 내가 울고
그대가 꿈꾸면 나도 잠이 들던
여름 지나가려고

먼 평원
돌고 도는 협곡
철렁, 떨어지는 물길

가을 가기 전에

가을 가기 전에 딱 한 번
방이동 숲길을 걸어요
죽은 잎들 위를 말없이 걸어요

거기 두고 온 것들
그만 두고 와요

가을 가기 전에 어쩌면
당신도 떠나갈지 몰라요
차가운 찻잔, 읽다 만 책들
액자 속에 웃고 있는 얼굴이
영원히 낡아가겠죠

그러니 가을 가기 전에
편지를 써요
잘 지내왔다고
운이 무척 좋았다고
고맙다고 말해요

가을 가고

대답을 잊은 눈송이들이

반짝이는 눈인사같이

길 위에 찍힌 사랑의 순간들을

얼려버리기 전에

나니* 11 외 4편

장윤서

엄마

응

엄마엄마

그래 나니야
여기 있어 엄마야

엄마 소리엔
너도 있고
나니 소리에는
엄마도 있네
함께 있다 우리?

엄마엄마엄마마

응 그래 나니야

엄마야 나니야

내가 듣고픈 말이야
나도 하고픈 말이야

---

* **नानी**[nānī]. 네팔어로 '어린 여자아이'를 뜻한다. '남자아이'는 '바부
बाबु[babu]'라 하는데, 네팔에서는 남자아이가 태어나면 바로 이름을 지어
주지만, 여자아이가 태어나면 취학하기 전까지 이름 없이 '나니'라 부른
다. 보통 별칭으로 힌두교 여신의 이름을 붙여준다. 도시에는 이런 일이
드물지만 시골에는 아직도 이런 성차별이 있다고 한다.

나니 12

나니

그거 아니

엄마 손가락을 꼭 감싸 쥔

네 손가락이 너무 길어서

네 손가락이 여섯 개는 아닌지

매일매일 맘 졸이며 세어본단다

아침에 눈 뜨자마자도 세어보고

나무하러 가기 전에도

나무하고 내려와서도 세어보고

네가 젖을 오물거릴 때도 또 세어본단다

여섯 개의 손가락이면

일을 더 하진 않을까 걱정하면서 말이야

우리 가족 한 손으로도 꼽을 수 있게

네 오빠가 손가락 하날 가져간 걸까

다른 걸 가져갔으면 좋겠는데 말이야

나니는 엄마랑 닮은 게 하나밖에 없네

눈 코 입 다 다르게 생겨서 너무 예쁜데

똥짤막도 해라 요 뭉툭한 발가락
어쩜 이리 똑 닮았니
너도 나중에 네 발을 빤히 볼 누구에게
간지런 놀림 받아 더 움츠러들려나

괜찮아 나니
넘어지는 건 작은 발 때문이 아니란다
네 그 발에 입 맞춰줄 사람을 만나렴

누구 닮으면 안 된다고?

엄마

옳지 그래 나니야
우리 예쁜 아가
절대 닮으면 안 돼, 누구?

엄마엄마

아이 예뻐라

우리 나니 너무 예뻐라

나니 13

우리 나니
많이 배고팠었구나
착하기도 하지 우리 아가
엄마가 젖몸살을 모르게 하더니
이렇게 밥도 잘 먹는구나

이 내음과 맛을 잘 기억해야 해
이 온기와 식감을 잘 담아둬야 해
너의 시작이자 행복일 것이며
너의 고통이자 마지막이 될 거니깐

할아버지도 할머니도 아빠도 엄마도
몸살 앓는 모든 숨 있는 것들은
이걸 먹기 위해
그렇게도 그렇게도 하루를 보내는 거란다

나니도 "엄마"만큼
"맘마"를 많이 말할 거야

맘마 먹자 우리 나니

맘마 맘마

엄마 엄마

하하 그렇지 그래
엄마도 먹는 거겠지
아낌없이 먹으렴
두 팔 붕붕 날리며
맛있게 먹으렴

나니 14

나니 예쁘지?
나니가 처음 보는 색이려나
우와 향기도 느꼈어?
코까지 팔랑거리네
네가 이렇게 웃는 거 보니
너도 이 꽃이 좋은가 보구나

나의 공주님
자만하지 말아요
세상은 우리 공주님보다
예쁜 것들로 가득 차 있답니다

그래도 엄마는
이렇게 노란 콧물 달고 있는
살내음 가득한 우리 나니가 가장 좋단다

유채꽃

유채꽃

아니 아니
유 채 꽃

나의 공주님
어려워하지 말아요
세상은 유채꽃보다
말하기 어려운 것들로 가득 차 있답니다

"엄마"는 말하기 쉽지?
엄마는 무슨 색일까
땀 냄새? 나무 탄 내?
우리 나니도 엄마를 좋아할까

나니 15

나니가 기억할
엄마와의 첫 순간은 뭘까

엄마는 울 엄마 무릎 위에서
쨍하게 내리쬐던 햇살을 기억해

저게 뭐야? 저거는? 이거는?
나비를 물어봤을 거야
갈비뼈 앙상한 주인 모를 멍멍이를 가리키고
엄마 몸에 붙은 씨앗들을 떼어도 보고

어떻게 아느냐고?
나니가 오늘 엄마한테 물어봤던 거잖아
엄마도 궁금해서 물어봤겠지 근데
아마도 항상 바쁜 엄마를 붙잡고파서
괜히 묻고 또 묻지 않았을까

할머니가 그러더라

나니가 신의 이름을 말하기 시작했다구

나니야
너는 이제 곧
인간의 기억을 가지게 될 거야
너의 첫 기억만은
따스했으면 좋겠는데
너의 첫 기억을
갓 지은 밥 내음으로 채워주고픈데

신의 관대함 속에 있으려면
그 씨앗들처럼 꺼끌꺼끌한
인간의 기억을 가져야 한단다

듣고 있니 나니?
꿈나라로 바쁜 나니야
사랑하는 우리 나니야
내일부터 네가 잠들었을 땐

엄마가 한없이 관대해질게

속눈썹은 왜 이렇게 쓸데없이 긴 거니
그래서 더 안쓰럽구나
앞으로 이럴 때면 엄마 흔들리지 않게
자는 척이라도 해주렴

사랑한단다 너무

미안하단다

아 소리 내며 _{외 3편}

오하나

오랜만에

내리막길에서 달려본다

가파르다

살살 속도가 붙는다

달리며 작고 낮게 아 소리 내본다

소리가 발걸음에 맞춰 퉁퉁 튕겨 오른다

입을 조금 더 벌려 길게 소리 내본다

성대가 떨린다 가슴이 울린다

여자아이가 앞서간다

크고 높게 아 소리 내며 달린다

아이의 가슴이 간질간질하다

아이는 내리막길을 달리며

하늘로 튕겨 오르는 소리 따라

가벼운 몸을 살짝살짝 띄운다

끝없이 펼쳐진 길을

언제까지고 달릴 것처럼

달려나가다 휙

날아오를 것처럼

달리는 아이 따라
하늘 높이 올라가는 내리막길
뭉클 스치며 날아가는
새털구름

유월

자전거는 앞으로 가는데
나는 자꾸 뒤로 간다
페달을 밟을수록 잊고 있던 뒤로
그늘진 먼 뒤로 간다
자전거만 혼자 달리고
나는 여기에 없다가

파바바바 귀를 때리는 바람 소리에
다시 불려 나오면
습습한 바람 속에 연노랑 밤꽃 향
밤꽃 향 너머
갓 모내기한 대지
물결치는 대지 가득
쏟아지는 빛

페달을 힘껏 밟는다
일어서면 구름이 닿을 듯한 길
등이 다 젖도록

잠시 돌아갈 길을 잊고 달린다
먼 훗날 문득 불려 갈
이 유월을 향해
불려 갔다 한참을 돌아오지 못할
이날을 향해

고장 닌 음수대

먼저 와 가만히 서 있는 소녀

조금만 걸어도 땀범벅이 되는 저녁이다. 남편과 나는 아무것도 모르고 음수대 동그란 버튼을 누른다. 얼굴에 물줄기를 뒤집어쓴다. 음수대 밖으로 유유히 도망가는 물줄기. 다시 입을 아 벌리고 고개를 내민다. 얼굴을 치고 공중에서 청량한 방울이 쏟아진다. 잡지도 못하면서 번갈아 버튼을 누르고 뒤집어쓰고 물을 뚝뚝 떨어뜨린 채

소녀를 본다
빙긋 미소가 만나고
나는 뒤로 물러선다
소녀가 앞으로 첫 발, 다시 한 발
비스듬히 고개, 조심히 버튼
환하게 터지는 웃음소리
뒤로 물러났다 또 버튼
머리로 얼굴로 어깨로
방울을 팡팡 터트리는 소녀

반짝이는 물보라 속을
셋 모두의 첫 발인 양
소녀도 나도 남편도
웃음소리 함께 누빈다

참나리

앞집 아저씨가 우편함 앞에 한참 서 계신다

아저씨 들어가시고 난 자리에 담쟁이덩굴이 떨어져 있

다

우편함 덮지 못하게 치셨나 보다

앞집은 장간도 아닌 곳에 자리공이 키만큼 자라고

뒷밭은 강아지풀이랑 환삼덩굴에 덮여 있고

입구에는 동백나무 낙엽이 수북이 쌓여 있다

젊었을 때 사우디에 다녀오셨다는 아저씨 여동생네 근

처에 집을 얻어 혼자 사시는 아저씨 아침마다 요양보호사

아주머니가 방문하시는 아저씨 마당에 앉아 담배를 피우

시는 아저씨 사이

오토바이 소리도 안 났는데

매일 빈 우편함 보러 나오시는 아저씨는

저 사이 어디에 계실까

저 사이 어디에도 계시지 않을까

파쇄석 위로 풀 무성한 앞집

아저씨 매일 앉아 계시는
플라스틱 의자 맞은편
마삭줄 그늘 우거진 곳에
참나리 생생히 피어 있다

꽃다지 같은

한국호

내 앞에 앉은 아이가 그린
작은 사람

엄지손가락만 한 키
조그만 얼굴
눈 코 입 그리고
옅은 볼

"제 마음은"

하고 입술을 꼬물거리다가
붉은 볼에
손가락 끝에
숨어버리는

곁에 앉아서 묻고 싶은
꽃다지 같은